"Мы отправили тебя в качестве милости к мирам"

Священный Коран, аят 107, сура 21 «Пророки»

Пророк Ислама

МУХАММАД ﷺ

Жизнеописание и иллюстрированный справочник, освещающий морально-нравственные основы исламской цивилизации

ВТОРОЕ ИЗДАНИЕ

(Карманный справочник)

Опубликовано
Глобальный центр Osoul

Московской соборной мечети
Наш адрес: Россия, 129090, Москва, Выползов пер., 7
Проезд до станции метро "Проспект мира", выход в сторону спорткомплекса "Олимпийский"
Наш телефон: (495) 681-49-

Обратная связь и запросы
info@mihrab.ru
muhammadpocketguide@gmail.com
info@guidetoislam.com

ISBN 978-098-7589-14-9 L.D. No.: 1443 / 5642
Второе издание Июнь 2018 года

Важные примечания

Когда мусульмане упоминают имя Пророка Мухаммада, религиозные предписания обязывают проявление уважения к нему, говоря: «Мир ему и благословение Аллаха». Данное выражение может быть заменено более краткой фразой: «мир ему». В арабском языке написание вышеупомянутого высказывания выглядит следующим образом: (ﷺ).

Однако, поскольку это издание является обобщённым справочником, в котором имя пророка Мухаммада упоминается часто, выражение «Мир ему и благословение Аллаха» опускается в целях экономии места и для того чтобы не отвлекать немусульманских читателей от основного текста. Пропуск этого выражения не подразумевает намеренного проявления неуважения к Пророку.

Мусульмане верят в одного Бога, Творца вселенной и всего сущего. Его имя «Аллах». Всякий раз, когда слова Бог или Господь, встречаются в данном справочнике, они подразумевают, что речь идет об Аллахе, Пресвят Он и Велик.

На иврите слово «Бог» звучит как «Элохим», на арамейском языке: «Илах» или «Алаха». Согласно исламскому вероубеждению, Бог имеет много атрибутов, таких как «Святой» («Куддус» на арабском и «Калош» или «Хаккадош» на иврите), «Единый (достойный поклонения)» («Ахад» на арабском, «Ихад» на иврите) и «Мир» («Ас-Салам» на арабском, «Шалом» на иврите). Мусульмане часто описывают Бога как «Милостивый и Милосердный».

Слово «Макках» пишется во многих книгах как «Мекка» (город, в котором родился Мухаммад). Город Мекка находится на равнине Бакках, которая упоминается в Ветхом Завете как «Бекка».

Слово «Мадина»/ «Медина» указывает на город, в который переселился Мухаммад. На арабском он называется «Аль-Мадина Аль-Мунаввара», что значит «лучезарный город» или «блистательный город».

Информация, представленная в данном справочнике, получена из достоверных источников.

Читатели могут отправить свои комментарии по адресу:

info@muhammadpocketguide.com
muhammadpocketguide@gmail.com

«Поистине, для сравнения меня с жившими прежде пророками можно привести притчу о человеке, который построил хороший дом и полностью украсил его, если не считать того, что не хватало последнего кирпича в одном из его углов. И люди стали ходить вокруг этого дома, дивясь его красоте и говоря: «Вот если бы и этот кирпич был на месте!» «Я и есть этот кирпич, и я - последний из пророков».

Мухаммад
(да благословит его Аллах и да приветствует)

(Передал Аль-Бухари – 3535)

От Автора

Большой честью для меня было наличие времени и возможности для составления этого справочника о жизни Мухаммада, – человека, который просветил сердца миллионов людей по всему миру и донес до них веру в Единого Бога, покорность и повиновение Ему Одному, Господу всех миров и всего сущего.

Мухаммад был человеком, посвятившим свою жизнь благородной миссии. Описывая самого себя, он предстаёт в виде последнего кирпичика, дополняющего красивое здание, которое олицетворяет собой всех посланников и пророков, которых Господь посылал человечеству.

Пророк Мухаммад почитал всех истинных пророков и посланников, которые были до него. Он подтвердил пророческую миссию Авраама (Ибрахима), – отца многих пророков и человека, которому Господь повелел построить «Каабу», – молитвенный дом, предназначенный для поклонения Единому Господу.

Мухаммад подтвердил пророческую миссию Моисея (Мусы), посланника Бога и пророка, принёсшего «Книгу Руководства» народу Израиля.

Мухаммад подтвердил пророческую миссию Иисуса (Исы) и поведал всем верующим о том, что Иисус вернется на землю перед наступлением конца света и будет бороться со злом, положит конец конфликтам и объединит всех верующих в Единого Бога под своим знаменем. Мухаммад заповедовал мусульманам следовать за Иисусом (Исой), когда он вернется, и предостерег верующих от ложного Мессии (Антихриста).

После получения Божественного откровения от Господа, и в течение 23 лет, Мухаммад объединил народы Аравии под одним флагом и возвратил их к вере в Единого Бога. Он очистил «Каабу» от идолов и язычества, с тем, чтобы возродить её первоначальное назначение, а именно — служить местом поклонения Единому Господу.

Написание данного справочника доставило мне много удовольствия. За время проведенной работы я понял — для того чтобы создать легко читаемый текст необходимо время и полное посвящение себя выполняемой работе.

Данный иллюстрированный справочник написан на доступном языке легким для восприятия стилем. Он предназначен специально для тех, кто хотел бы лучше узнать о Пророке Мухаммада и его учении, сформировавшем морально-нравственные основы исламской цивилизации.

Карманный справочник разделен на главы, каждая из которых обозначена отдельным цветом. Каждая глава начинается с раздела, напечатанного жирным шрифтом, что существенно упрощает быстрый поиск нужной информации. Начинается данный справочник с главы, в которой содержатся высказывания великих людей, посвященных Пророку Мухаммаду. Затем следует его краткое жизнеописание.

Глава «Пророчество» описывает пророческую миссию Мухаммада и растолковывает его связь с другими пророками, в частности Авраамом, Моисеем и Иисусом.

Целая глава выделена для освещения примеров исламского искусства, каллиграфии и архитектуры по всему миру.

Я глубоко признателен Фариду Аль-Али и всем художникам и каллиграфам, внесшим вклад своими бесценными работами в улучшение этого справочника. Кроме того, я хотел бы поблагодарить Мохаммеда Диб Абдул Раззак, Курию Гарсия Масип, Питера Гулд, Сирия Боузи, Мехмета Озальп, Рами Каляви и доктора Захарию Мэтьюз за ценные замечания и помощь.

Наконец, я хотел бы поблагодарить исследовательский центр «Аль-Мадина» в Саудовской Аравии за предоставленную информацию, исторические данные и фотоматериалы.

Доктор Сэм Диб

فهرسة مكتبة الملك فهد الوطنية أثناء النشر

مركز اصول
نبي الإسلام محمد صلى الله عليه وسلم - باللغة الروسية. / مركز اصول .- الرياض ، ١٤٤٣هـ
٢٧٨ ص ؛ ..سم

ردمك: ٨-٩٠-٨٣٥٢-٦٠٣-٩٧٨

١- السيرة النبوية ٢- الشمائل المحمدية أ.العنوان
ديوي ٢٣٩ ١٤٤٣/٥٦٤٢

رقم الإيداع: ١٤٤٣/٥٦٤٢
ردمك: ٨-٩٠-٨٣٥٢-٦٠٣-٩٧٨

(ملاحظة): لا يتم طباعة الجزء الأسفل مع بطاقة الفهرسة

تامل مكتبة الملك فهد الوطنية تطبيق ما ورد في نظام الإيداع بشكل معياري موحد ، و من هنا يتطلب تصوير الجزء الاعلى بالأبعاد المقننة نفسها خلف صفحة العنوان الداخلية للكتاب ، كما يجب طباعة الرقم الدولي المعياري ردمك مرة أخرى على الجزء السفلي الأيسر من الغلاف الخلفي الخارجي .
و ضرورة إيداع نسختين من العمل في مكتبة الملك فهد الوطنية فور الانتهاء من طباعته، بالإضافة إلى إيداع نسخة الكترونية من العمل مخزنة على قرص مدمج (CD) وشكرا ،،،

Содержание

Содержание

اقرأ باسم ربك
الذي خلق
خلق الإنسان
من علق
2006
غار حراء

Это слово «Мухаммад» на арабском языке. Когда смотришь на него, оно напоминает верхнюю часть мечети с куполом посередине. Заметьте, пожалуйста, что буква "х" в слове Мухаммад отображается куполом, а нижняя сторона мечети образуется из слов, означающих «Посланник Аллаха» .

Шестиугольник образованный арабским словом "Мухаммад", написан в необычном стиле арабской каллиграфии и повторяется шесть раз.

Предоставлено Фаридом Аль-Али

В арабском языке слово «Мухаммад» означает человек, которого очень часто и неоднократно хвалят за его добрые дела. Таким образом, он является достойным похвалы человеком..

Глава
1

Цитаты

Высказывания великих людей о Пророке

Джон Адаир

Автор книги «Руководство Мухаммада», всемирно известный специалист по вопросам лидерства, автор более 50 книг и статей, посвященных менеджменту и лидерству.

«Согласно исламскому мировоззрению образцовые лидеры были одновременно благородными и смиренными, дальновидными и способными вдохновлять. Несмотря на это, они были преданны служению своему народу. Читая эти страницы, вы сможете, я надеюсь, сделать для себя выводы о том, насколько близко Мухаммад соответствует идеальному лидеру. Мой довод в этой книге (то есть вышеупомянутой книге) заключается в том, что качества идеального руководителя проявлялись в жизни пророка Мухаммада не единожды — что превосходно согласуется с тем, что нам известно на сегодняшний день о природе и практике лидерства».

Иоганн Вольфганг фон Гете

(1749 — 1832) Великий европейский поэт.

«Он не поэт, а Пророк, и донес до нас Мухаммад Коран — божественный закон, а не книгу, написанную человеком для развлечения или повышения общего уровня образованности».

Махатма Ганди

(1869-1948) Политический и духовный лидер Индийского движения за независимость.

«Я хотел знать лучшего из тех, кто сегодня имеет бесспорную власть над сердцами миллионов людей.

«Я стал более чем уверен, что не меч завоевал Исламу место в жизни людей в те дни... Это была непреклонная чистота, высшее самопожертвование Пророка, пристальное выполнение своих обязанностей, его большая преданность своим друзьям и последователям,, его отвага, его бесстрашие, его абсолютная вера в Бога и свою собственную миссию — вот посредством чего был установлен Ислам. Когда я завершил чтение второго тома его жизнеописания, мне было жаль, что больше нечего было читать о его великой жизни».

Альфонс де Ламартин

(1790 — 1869) французский поэт, писатель и политик Автор книги «История Турции», Париж, 1854, стр. 276-277.

«Философ, оратор, поборник, законодатель, воин, покоритель мыслей, реставратор рациональной веры, вероисповедания, в котором нет места идолам, основатель двадцати земных империй и одной духовной — все это Мухаммад. Рассмотрев все критерии, по которым может оцениваться величие человека, мы можем смело спросить: есть ли более великий человек, чем он?»

Уильям Дюрант

(1885 — 1981) американский историк, философ, писатель; автор книги «История цивилизации».

«Его имя, означаемое „восхваляемый", может быть обнаружено в тексте Библии, оповещающем о его приходе. Доподлинно известно, что Мухаммад не умел писать, и обычно пользовался услугами писца. Его очевидная неграмотность не помешала ему передать (т. е. донести до людей) Коран самую известную и красноречивую книгу на арабском языке; также (его неграмотность не помешала ему) овладеть мастерством управления людьми, которым редко овладевают даже самые образованные люди».

Уильям Монтгомери Уотт

(1909-2006) Шотландский историк, почетный профессор арабских и исламских исследований при университете Эдинбурга. Автор книги «Мухаммад в Мекке», Оксфорд, 1953, стр. 52

«Его готовность подвергнуться преследованиям за свои убеждения, высокие моральные качества его последователей, расценивающих его как своего предводителя, величие его конечного достижения — всё это указывает на его непреложную честность. Ни один из великих деятелей истории не был так недооценен Западом как Мухаммад».

Отто Фон Бисмарк

(1815–1898) Ирейхсканцлер Германской империи

«Я жалею, что не был твоим современником. О Мухаммад! Человечество один раз увидело избранного и больше не увидит. С глубоким почтением преклоняюсь перед тобой».

Священник Реджинальд Босуорт Смит

Автор книги «Мухаммад и Магометанство», Лондон, 1874, стр.92

«Это был Цезарь и Папа римский в одном лице, но Папа без папской претенциозности и Цезарь без легионов, без постоянной армии, телохранителей, дворца, без фиксированного годового дохода. Если кто-либо когда-либо и имел право сказать, что он обладал божественным правом, то это был Мухаммад, ибо его власть распространялась без рычагов и атрибутов власти».

Лев Толстой

(1828 — 1910) известный русский писатель. Автор книги «Война и мир».

«Нет сомнений, что Пророк Мухаммад является одним из величайших реформаторов социальной структуры. Достаточно упомянуть лишь о том, что он привел целую нацию к просвещению и истине, вменил ей склонность к спокойствию и миру, предотвратил её от кровопролития и человеческих жертвоприношений. Он широко открыл врата развития и цивилизации своему народу. Это великое дело, достойное сильного человека, и подобный человек заслуживает уважения и восхищения».

Морис Бюкай

(1920 — 1998) французский врач и специалист по гастроэнтерологии. Член Французского общества Египтологии. Автор книги «Библия, Коран и наука».

«Ислам учит, что Бог наделил человека разумом и, следовательно, от человека ожидается рациональное, объективное и систематическое мышление. Принимая во внимание уровень человеческих знаний в дни Мухаммада, совершенно невозможным представляется, что утверждения в Коране, связанные с наукой, могли бы быть делом человеческих рук. Объективное изучение Корана в свете современных знаний в области науки подтверждает это».

Глава

2

Характер Пророка

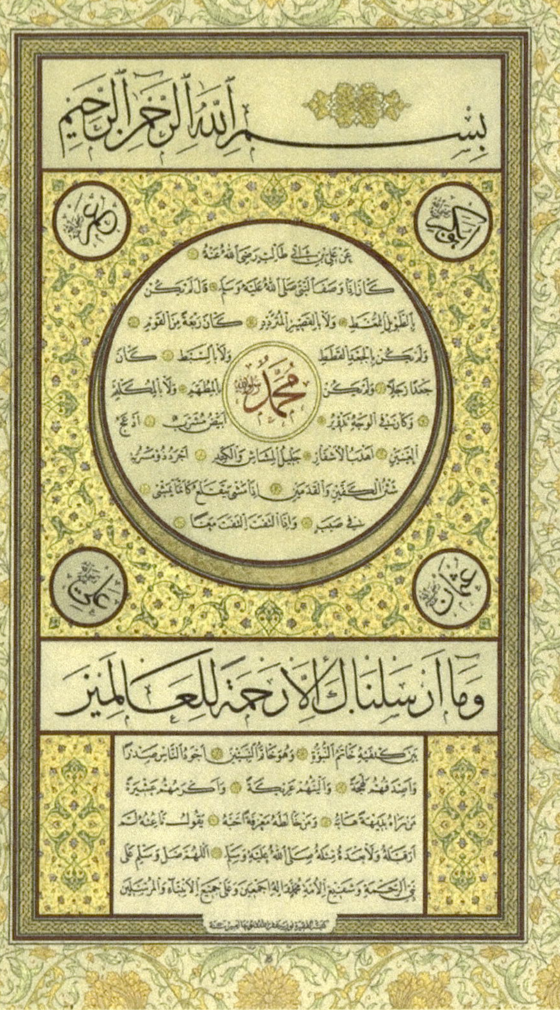

Словесный портрет Мухаммада :
Документальное свидетельство нрава и характера Пророка, описанное его сподвижниками.

Предоставлено испанским каллиграфом Нурия Гарсия Маси

Характер Пророка

У мусульман нет рисунков или портретов пророка Мухаммада или пророков до него. Несмотря на это, в отличие от основателей других великих религиозных традиций, Пророк Мухаммад является наиболее узнаваемой исторической фигурой, так как его сподвижники и члены семьи имели возможность детально его описать, и оставили для потомков множество письменно запечатленных историй из его жизни.

Как он выглядел?

Мухаммад был арабом из благородного рода; светлоликий с розовым оттенком, немного выше среднего роста, хорошего телосложения с широкими плечами. Его живот никогда не выходил за пределы его груди. Его походка была энергичной и уверенной.

Сподвижники Мухаммада описывали его как красивого человека с выступающим лбом, высоким кончиком носа, длинными ресницами, широкими черными глазами, ровно посаженными зубами и приятной улыбкой. Его волосы были волнистыми, а борода густой.

Его сподвижники передают, что его лицо было светлым и приветливым, подобно полной луне. Он никогда не смеялся громко, обычно его смехом являлась улыбка, сквозь которую можно было увидеть белоснежные зубы. Его бодрость и открытость ощущалась всеми окружающими людьми..

Его личность и натура

Мухаммад был неизменно веселым и светлым, спокойным и мягким по своей натуре человеком. Он был утонченным в своей речи, никогда не прибегал к оскорбительным и непристойным словам. Никогда не искал ошибки в других людях и никого избыточно не хвалил.

Его манера разговора

Мухаммад никогда не говорил лишнего, наоборот, всё, что он говорил, было к месту и не нуждалось в каких-либо дополнениях. Его высказывания были точными и лаконичными, свои мысли он мог выразить в нескольких словах.

Его манера разговора была красноречива, в ней не было как излишеств, так и патологической краткости.

Когда он хотел подчеркнуть важность чего-либо, он повторял это (слово или предложение) три раза. Он всегда разговаривал, надеясь лишь на вознаграждение Господа (Аллаха). Он говорил своим сподвижникам:

> «Я гарантирую дом на краю рая тому, кто оставит спор, даже если он прав. Я гарантирую дом в середине рая тому, кто оставит ложь даже в шутку. Я гарантирую дом на вершине рая тому, у кого хороший нрав».
>
> (Хадис приведен у Абу Дауда)

Его темперамент

Мухаммад держал свои чувства под чётким контролем. Когда он был раздражён, он отворачивался в сторону или сохранял молчание. Когда кто-либо совершал деяние, нарушающее закон Божий, он проявлял гнев и занимал неизменную позицию. Ни кто не предпочел бы быть его противником в вопросах, касающихся Божественной истины. Он занимал прочную позицию по защите истины до тех пор, пока человек не убеждался в истинности Божественного откровения, ниспосланного в Священном Коране.

Мухаммад никогда не злился, если дело касалось лично его.

Его отношение к людям

Мухаммад всегда приветствовал людей первым и никогда первым не убирал руку при рукопожатии.

Тот, кто видел его впервые, восхищался им и уважал его. Тот, кто часто общался с ним или был связан с ним дружескими узами, любил его. Он был мягким по своей натуре. Он не был грубым и не относился пренебрежительно к людям.

Когда он смотрел на кого-либо, то поворачивался к нему лицом. Если кто-нибудь обращался к нему, он поворачивался к тому человеку всем телом, проявляя тем самым уважение. Когда он посещал кого-либо, то садился там, где было свободно (не выбирая места). Он никогда не занимал какое-то определённое место. Сидящему рядом с собой человеку он предоставлял всё своё внимание. Он завещал своим сподвижникам следовать его примеру. Он был справедливым по отношению к своим сподвижникам и всем людям. Различие между людьми проводилось лишь в степени их богобоязненности и преданности Господу.

Его образ жизни

Все, что он делал, было в меру, без избытка или своеволия. Он никогда не критиковал приготовленную для него пищу или питье, он также чрезмерно их не хвалил.

Находясь дома, он разделял своё время на три части, одну часть он посвящал поклонению Господу, ещё одну часть он посвящал своей семье, а оставшуюся часть он посвящал своим личным нуждам. Он всегда присоединялся к исполнению домашних дел, иногда сам штопал себе одежду, чинил свою обувь, подметал пол. Он всегда опрятно одевался и от него всегда исходил приятный запах. (Передал Аль-Бухари, глава об этике)

После утренней молитвы, он оставался сидеть в мечети, читая наизусть Священный Коран, и восхваляя Господа до тех пор, пока не взойдет солнце. После полуночи он вставал, чтобы совершить ночную молитву (тахаджуд), которую он никогда не пропускал. (Сборник достоверных хадисов Аль-Бухари)

Он объявил запретным для себя и своей семьи что-либо из пожертвования мусульман, называемого «закят», которое собиралось на нужды малоимущих. Он очень ответственно относился к подобным вопросам и не назначал никого из своей семьи для сбора пожертвований общине.

Его дом был ничем иным, как простой постройкой, стены которой были сделаны из необожжённой глины, а потолок дома был покрыт пальмовыми ветками

Мухаммад говорил: «Что мне до бренного мира, и что бренному миру до меня? Клянусь тем, в чьей длани моя душа (имеется в виду Аллах), мой пример и пример этого бренного мира не что иное, как всадник, который скачет в горячий солнечный день, останавливается около дерева, чтобы посидеть в тени некоторое время, а затем покидает его.

(Передано от Абдуллы ибн Аббаса).

Когда он умер, то не оставил после себя из имущества ничего кроме белого мула и участка земли, которые были переданы на благо мусульманской общины.

(Сборник достоверных хадисов Аль-Бухари).

Глава 3

Биография

Личные данные

Имя	Мухаммад
Имя отца	Абдуллахх сын Абдуль-Мутталиба (его родословная восходит к Пророку Исмаилу (Самуилу), сыну Пророка Ибрагима (Авраама)
Фамилия	Он из рода Бану Хашим (род Бану Хашим относился к курайшитам, – племени, имевшему большое влияние на аравийском полуострове).
Дата РождеР ния	22 Апреля, 570 года (примерно, по григорианскому летоисчислению)[1]
Место Рождения	Город Мекка - Аравийский Полуостров (ныне - Королевство Саудовская Аравия)
Дата Смерти	6 Июня, 632 года (по григорианскому летоисчислению) Ему было приблизительно 63 года
Место смерти	Город Медина (примерно в 400 километрах к северу от Мекки)

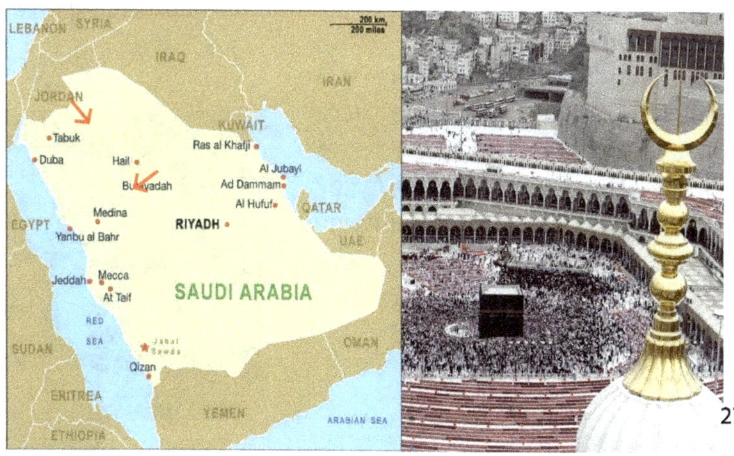

Детство и юность

2 года после рождения	У Мухаммада не было ни братьев ни сестер. Его отец умер до его рождения, его мать отправила его за пределы Мекки к кормилице по имени Халима (согласно арабскому обычаю)
От 2-х до 6-ти лет	Он жил со своей матерью Аминой до тех пор, пока она не умерла в 576 году.
От 6 до 8 лет	Он жил со своим дедушкой Абдуль-Мутталибом до тех пор, пока он не умер.
После 8 лет	Он жил вместе со своим дядей со стороны отца Абу Талибом, у которого было 10 детей.

Образование

Мухаммад был неграмотным: он не мог ни писать, ни читать. Он никогда не жил за пределами Мекки и не путешествовал ради получения образования. Мусульмане верят, что Мухаммад получил и передал Священный Коран, который является Посланием Божьим и Его Книгой, обращенной ко всем людям. Пророк передавал людям Божье Послание буква в букву, слово в слово, без изменения какой-либо его части, или передачи смысла своими словами.

Высказывания и учения Мухаммада не смешиваются со Священным Кораном: Они были собраны в книгах, которые называются «Сунна Пророка», что означает его учение, образ жизни и толкование Корана.

Трудовая жизнь

С детства до 25 лет	Некоторое время он работал пастухом (пас овец и коз). Кроме того, занимался торговлей со своим дядей Абу-Талибом. Согласно достоверным повествованиям, в 12 лет он в первый раз отправился в торговую поездку в Сирию вместе со своим дядей Абу Талибом.
С 25 до 40 лет	Получил предложение работать у состоятельной женщины по имени Хадиджа, владевшей торговым бизнесом, на которой вскоре женился. В своей общине Мухаммад был известен как успешный и честный торговец. Его знали как верного, честного и надежного человека, за что он вскоре получил титул «Ас-Садик Аль-Амин», что в переводе с арабского означает «Правдивый и Надежный».
С 40 до 63 лет	В возрасте 40 лет (в 610 году) Мухаммад начал получать Божественное откровение и посвятил свою жизнь донесению Божьего послания до всех людей. Он обучал людей Единобожию и доносил до них Божью Книгу (Коран), которая призывает к социальной справедливости, миру, гармонии и благополучию.

Семейное положение

Был женат на одной женщине на протяжении 25 лет: Мухаммад женился на Хадидже, дочери Хувайлида, принадлежащего к благородному роду Асад[2].

Она была вдовой и уважаемой женщиной в своём обществе. Мухаммад работал у неё уже два года, когда она, посредством третьего лица, предложила ему жениться на ней. Она считала его верным, откровенным и нравственным человеком.

Успешный брак: Хотя Хадиджа была старше Мухаммада на 15 лет, они были выходцами из одного социального класа.

Разница в возрасте не препятствовала созданию успешного брака, который длился 25 лет, пока Хадиджа не умерла в 619 году в возрасте 65 лет. После смерти Хадиджи Мухаммад вступил в брак вторично.

Мухаммад любил Хадиджу и был верен ей.

Несколько раз он описывал ее, как самую хорошую женщину своего времени подобно тому как Мария, мать Иисуса, была самой хоє рошей женщиной своего времени

(передал Аль-Бухари)

Отец 6 детей и семейный человек:

Мухаммад и Хадиджа жили в гармонии и мире; у них было четверо дочерей (Зайнаб, Рукайя,

Умму Кульсум и Фатима) и двое сыновей (Аль-Касим, который умер в возрасте 3 лет, и Абдуллахх, который умер в возрасте 4 лет). Мухаммад любил проводить время со своей семьей, помогать женам в домашних делах, шить свою одежду, присматривать за детьми и заботиться о них.

Фото, сделанное на кладбище «Баки» близ мечети Пророка Мухаммада в Медине. На нём похоронены некоторые сподвижники Пророка, родственники, жены и дети.

Кладбище «Аль-Ма'алла» в Мекке, где похоронена Хадиджа.

Биография

Миссия, завершенная по прошествии 23 лет

610 г. по григорианскому календарю
Начало Божественного откровения:

В этом году Мухаммад получил первое откровение от Бога и был избран Посланником Бога ко всем людям. Подобная миссия требовала сильной веры, преданности, приверженности и честности.

610-612 года
Формирование исламского призыва:

Мухаммад призывал своих друзей и ближайшее окружение к вере в Единого Бога и принятию Ислама как последнего Божественного Послания человечеству. За первые три года пророчества Ислам приняли около 130 человек, которые сформировали сплочённую группу, имеющую возможность призывать к Исламу публично. Эта группа мусульман была образована как из бедных, так и из богатых семей.

613-615 года
Открытый призыв Мухаммада встречает сопротивление:

Мухаммад и его сподвижники начали открыто призывать людей к Исламу. Несмотря на то, что Мухаммад был известен, как надежный и честный человек, предводители Мекки не уверовали. Они называли его поэтом, колдуном и сумасшедшим.

Попытка соблазна и угрозы: Мекканские правители пытались отвратить Мухаммада от призыва людей к Исламу при помощи соблазна и угроз. В то же время они испытывали большую ненависть и вражду по отношению к новым мусульманам. Они преследовали и пытали бедных и слабых мусульман.

Мухаммад поддерживает своих последователей и направляет некоторых из них в Эфиопию: Мухаммад был очень близок со своими последователями. Он встречался с ними в доме Аль-Аркам, который был больше похож на маленькую школу. Он обучал их моральным ценностям и нравам и прививал им чувство ответственности и обязательства.

Мухаммад видел страдания и беды, которые приходилось переносить его сподвижникам, поэтому он посоветовал им найти убежище в Эфиопии, описывая её как страну добродетели, в которой правит справедливый король-христианин, при власти которого никто не был угнетен.

Двое влиятельных людей принимают Ислам: Двое сильных и влиятельных людей принимают Ислам: Умар ибн Аль-Хаттаб и Хамза ибн Абдуль-Мутталиб (дядя Мухаммада). Это событие имело большое значение в жизни мусульман. Хамза стал убеждённым сторонником и защитником Мухаммада до тех пор, пока героически не погиб в битве при Ухуде (в 625 году). Умар, по истечении 3 лет после смерти Пророка Мухаммада, стал вторым халифом и управлял Исламским государством на протяжении 11 лет.

616-618 года

Бойкот по отношению к Мухаммаду: Правители Мекки бойкотировали Мухаммада и его последователей, введя социальную и экономическую блокаду, которая длилась на протяжении трёх лет. В течение этого времени, Мухаммад и его сподвижники испытали много бедствий и несчастий. Этот период был тяжёлым испытанием их терпения, веры и приверженности истине.

619-620 годы

Год печали: Правители Мекки отменили социальную и экономическую блокаду, так как она не принесла ожидаемого результата. В этом же году умирает жена Мухаммада Хадиджа и его дядя Абу Талиб.

Мухаммад потерял всякую надежду на донесение послания в Мекке и решил отправиться за пределы Мекки и искать поддержку там. Он направился в город Таиф, но и там его встретили враждебно[4]. Кроме этого, он пытался донести послание Ислама более чем до двадцати арабских племен, но не получил от них отклика.

620- 622 года

Проблеск надежды: Во время паломничества Мухаммад встретил шесть человек из Ясриба (города находящегося к северу от Мекки) и рассказал им об Исламе. Они поверили в пророческую миссию Мухаммада и вернулись в свой город с целью призыва к Исламу других людей из своего племени и других племен в Ясрибе. Они решили вернуться в Мекку в следующем году, для совершения паломничества, и чтобы ещё раз встретиться с Мухаммадом – Пророком и Посланником Бога.

Aqaba or Al-Bay'aa "Pledge" Mosque

Новые мусульмане приносят присягу верности Мухаммаду:

Биография

Та же самая группа вернулась на следующий год (621 г.), пополненная шестью новыми последователями[5]. Они принесли присягу верности Мухаммаду (признавая его Посланником Бога) и обещали ему:

1) Не поклоняться никому и ничему, помимо Аллаха - Единого Господа,
(2) Не красть,
(3) Не прелюбодействовать,
(4) Не убивать,
(5) Не клеветать (злословить) на соседа,
(6) Не ослушаться Посланника Бога.

Группа вернулась обратно в Ясриб и начала призывать к Исламу как вождей племен, так и простых людей. На следующий год (622 г.), во время паломничества, их ряды пополнили более 70 мужчин и 2 женщины. Они принесли такую же присягу верности Мухаммаду.

Формирование новой мусульманской общины на расстоянии 450 км к северу от Мекки: Предводители двух главных племен Ясриба (Аус и Хазрадж) приняли Ислам, впоследствии их люди также стали мусульманами. Пророк Мухаммад был приглашён в Ясриб и впоследствии стал его правителем.

622 год

Главы Мекки замышляют убийство Мухаммада; начало переселения в Ясриб: Дела в Мекке стали ухудшаться. Мухаммад попросил мекканских мусульман[6] переселиться в Ясриб. После их переселения, последовало переселение Мухаммада в сентябре 622 года. Его переселение явилось наиболее важным поворотным пунктом в истории Ислама. В Ясрибе Ислам укрепился и пошёл в рост; было образовано исламское государство и рождён справедливый общественный строй.

623-624 года

Избрание Мухаммада правителем Ясриба: Жители Ясриба представляли собой смесь арабов и иудеев. Несмотря на то, что там было два арабских племени и три иудейских, арабская община была больше по своей численности и обладала главенством.

Мухаммад «Пророк Бога» был избран правителем Ясриба мирным путём по желанию и соглашению большинства.

Мухаммад изменяет название многокультурного сообщества:“«Медина» — это новое название, которое Мухаммад дал городу Ясрибу. После переселения мекканских мусульман, Ясриб больше не принадлежал определенной группе арабов, вместо этого он стал родиной всех уверовавших и принявших Ислам. **Мухаммад призывал к миру и единству в Медине:** поскольку там были иудейские племена и другие арабы, которые не приняли Ислам, Мухаммад не стал называть Ясриб городом Ислама, а назвал его «Медина», что в переводе с арабского означает «Город».

Мухаммад призывает к миру и единству в Медине: Всвоемпервомпубличномобращениик народуМедины, Мухаммад произнес речь, которая способствовала установлению гармонии и социальной сплоченности. Он говорил:

> «О, люди, приветствуйте друг друга и распространяйте мир, и кормите нуждающихся, поддерживайте родственные связи и выстаивайте ночную молитву когда другие спят, ищите довольство Господа, – тогда вы войдете в рай с миром».

Мухаммад связал эти законы с довольством Господа (Аллаха), чтобы побудить людей любить друг друга и жить в мире, гармонии и согласии в многонациональном обществе.

623-624 года

Формирование первой Конституции и Устава по правам человека и его свобод: Большинство иудеев надеялись, что последний Пророк будет иметь иудейское происхождение. Несмотря на то, что большинство иудеев не приняли Мухаммада как Посланника Бога, Мухаммад, – как руководитель государства, – издал первый «Конституционный Закон и Указ, защищающий права и свободу человека»

Конституция гарантировала свободу совести и вероисповедания мусульманам, иудеям, а таке же арабам, не принявшим Ислам. К тому же, Кона ституция защищала и оберегала безопасность всех жителей Медины, и требовала от всех стох рон, принявших и руководствующихся Конститун цией, участия во всенародной обороне, в случае если Медина подвергнется нападению со стороМ ны врагов.

Конституция установила справедливость, права человека и его свободу, препятствовала преө ступности и безнравственным нормам.

624 год

Неизбежность битвы при Бадре: Когда мусульмане переселились из Мекки в Медину, многие из них были вынуждены покинуть свои дома, и их имущество было конфисковано.

Местоположение Бадра

Предводители Мекки использовали конфискованное у мусульман имущество для развития торговли и бизнеса. Мусульмане знали о торговом караване, принадлежавшем мекканским правителям, возглавляемом Абу Суфьяном, который намеревался пройти через торговый путь вблизи Медины.

Мухаммад призвал мусульман захватить караван, когда он будет возвращаться с их богатствами, которые были конфискованы в Мекке. Войско, состоящее всего из 313 мусульман, согласилось на выполнение данного дела.

Мекканская разведка известила Абу Суфьяна, чтобы тот изменил маршрут каравана. Кроме того, из Мекки была послана армия численностью 950 человек для сражения с мусульманским войском, которое не было подготовлено к войне и уступало численностью мекканской армии.

Никто не ожидал, что мусульмане одержат победу в своей первой битве против мекканских правителей. Многие мекканские правители и влиятельные люди были убиты в этой битве.

625 год

Правители Мекки нападают на Мухаммада и его сподвижников в битве при Ухуде: В отместку за свои потери в битве при Бадре и в страхе потерять ведущую роль в Аравии, мекканские правители, совместно с некоторыми арабскими союзниками, отправили армию, состоящую из 3000 солдат, для атаки мусульман

Местоположение горы Ухуд - Медина - Королевство Саудовская Аравия

на горе Ухуд, к северу от Медины.

Мусульмане потерпели поражение в этой битве, Мухаммад был ранен. В битве при Ухуде некоторые из сподвижников Мухаммада были убиты, в том числе и его любимый дядя Хамза.

Могилы мучеников битвы при Ухуде, кладбище на горе Ухуд - Медина - Королевство Саудовская Аравия

626 год

Мекканцы, совместно с другими племенами, атакуют Мухаммада и его сподвижников в битве у рва (Хандак): Эта битва также называлась «Битва союзников». Поскольку Мухаммад не был убит в предыдущей битве, мекканские правители и некоторые арабские и иудейские племена призвали к объединению сил и совместному нападению, для того чтобы убить Мухаммада и разрушить мусульманскую общину.

10 тысяч воинов двинулись к Медине. После того, как Мухаммад посоветовался со своими сподвижниками, было принято решение принять предложение персидского мусульманина Салмана, которое заключалось в том, что нужно было вырыть ров в северной части Медины (5,5 км в длину и 4,6 м в ширину).

Мусульмане находились в трудном положении и пытались использовать всё что могли, чтобы защититься. После месячной осады мекканская армия и их союзники ослабели, погодные условия ухудшились, что вынудило союзников собрать палатки и отвести армию назад.

10 летнее перемирие

Биография

627 год

Худайбийский Договор, перемирие на 10 лет: По истечении года после битвы у рва, Мухаммад проявил инициативу совершить Умру (посещение Каабы в Мекке для совершения религиозных обрядов).

Посещение Мекки с целью поклонения, было религиозным правом, которое Мекка обязалась предоставлять всем людям Аравии.

Приближение Мухаммада к Мекке, с 1400 сподвижниками, идущими из Медины, стало большой неожиданностью для мекканских правителей.

После долгих переговоров, между Мухаммадом и правителями Мекки было заключено перемирие на 10 лет, затем Мухаммад со своими сподвижниками вернулся домой (не выполнив Умру), с условием, что они смогут возвратиться в Мекку на следующий год (628 г.). Перемирие содержало в себе много обременительных условий для мусульман, потому что было в пользу мекканцев.

628-629 гг.

Во время перемирия Мухаммад распространил Божье Послание в Аравии и за ее пределами:

Заключение перемирия предоставило Мухаммаду уникальную возможность для свободного донесения Божьего Послания до людей, для открытого призыва, не стеснённого опасениями за безопасность.

Мухаммад направлял делегации в другие арабские племена Аравии и писал письма, адресованные правителям и царям соседних стран и сверхдержав, таких как Персия, Византия и Египет, предлагая им принять Ислам как «Послание Божье». Количество мусульман начало увеличиваться, т.к. люди стали находить истину в Исламе.

630год

Мирное овладение Меккой:

Не прошло и двух лет, когда перемирие было расторгнуто по инициативе мекканцев, т.к. их союзники убили 20 мусульман.

В ответ на их ужасающий поступок, Мухаммад выступил с 10-тысячным войском мусульман, для того чтобы завоевать Мекку, но дал указание своим воинам воздержаться от вступления в сражение первыми, и приказал им сражаться только в том случае, если первым начнёт сражаться противник[7].

Мекканские правители были в замешательстве, т.к. не были готовы воевать с мусульманами. Когда мусульманская армия достигла Мекки, Мухаммад обратился ко всем людям Мекки, призывая их к единобожию, напоминая им, что все люди произошли от Адама, а Адам был создан из земли (глины).

Затем он спросил мекканцев: «Как вы думаете, как я поступлю с вами?» Они ответили: «Мы надеемся на лучшее. Ведь ты наш благородный брат и сын нашего благородного брата»

Пример прощения: Несмотря на тяжелые испытания, умышленно причиняемые мекканцами в течение 21 года, Мухаммад повел себя высоконравственно, и ответил (мекканцам): «Нечего сегодня (вам) бояться, отправляйтесь по своим домам, вы свободны».
Обращение Мухаммада очень повлияло на людей, и многие из них пришли к нему давать присягу верности и принимать Ислам.

630-631 года

Арабские племена принимают Ислам: После мирного овладения Меккой делегации со всех уголков Аравии начали приходить для изучения Ислама. Не считая племени Хавазин, которое сражалось против мусульман и, в конечном счете, проиграло в битве Хунайн. Многие арабские племена приняли Ислам. Мухаммад посылал своих сподвижников в различные области Аравии, чтобы обучить людей Исламу..

Когда Мухаммад вернулся в Мекку, его главной задачей было очищение Дома Божьего (Каабы). Он разрушил всех идолов, находившихся вокруг Каабы, которая была возведена пророком Авраамом (Ибрагимом), во славу Единого Господа (Творца Вселенной и всего сущего).

632год:

Прощальная проповедь Мухаммада: Миссия Мухаммада завершалась, и его жизнь приближалась к концу. В 632 году Мухаммад совершил паломничество и обратился с последней проповедью к свыше чем 100 тысячам человек.

Его проповеди всегда напоминали людям о ключевых аспектах религии: вере в Единого Бога, поклонении только Ему одному, неприкосновенности человеческой жизни и имущества, равенстве всех рас, правилах справедливости, правах женщины и законах нравственности.

Кончина Мухаммада:

Пророк Мухаммад скончался в своем доме в Медине в 632 году, оставив после себя лишь немного имущества. Он не оставил денег и богатства; взамен этого, он оставил в наследство веру в Бога, которая и сегодня освещает сердца миллионов людей по всему миру.

> *«Человеку свойственно ошибаться, Богу – прощать»* - *Александр Поуп*

Горы в Мекке — Королевство Саудовская Аравия

Панорамный вид горы Света, где находится пещера Хира — Мекка

Мекка - Королевство Саудовская Аравия, вид с воздуха на Запретную мечеть или Заповедную мечеть (Аль-Масджид Аль-Харам)

Мекка - Королевство Саудовская Аравия, вид с воздуха на Запретную мечеть или Заповедную мечеть (Аль-Масджид Аль-Харам)

Предоставлено фотографом Сьюзан Эскандер

Гора Нур
Мекка - Королевство
Саудовская Аравия

пещера Хира

Пещера «Савр», пещера в которой Мухаммад и его сподвижник Абу Бакр пробыли три ночи, в начале их путешествия (переселения в Медину).

Мечеть «Куба», первая мечеть в Исламе, в 8 км южнее мечети Пророка — Медина, Королевство Саудовская Аравия.

Мечеть «Куба» — Медина, Королевство Саудовская Аравия.

Город Бадр, вид с воздуха.

Место, где располагалась армия курейшитов. Город Бадр.

Место, где проходила битва при Бадре и располагался Мухаммад и его сподвижники.

Место, где проходила битва Бадр

Панорамный вид Горы Ухуд

Место битвы Ухуд. На фото показана гора, на которой стоял отряд лучников, а также кладбище мучеников, где было похоронено свыше 70 сподвижников Мухаммада и его любимый дядя Хамза.

Битва у рва
Гора Ухуд
ров
Гора Сила
Харрату Вакыйм (Вулканическая местность)
Город Медина
Харрату Вабира (Вулканическая местность)

Предполагаемый вид г. Медины, видна мечеть Пророка Мухаммада, окруженная домами и пальмовыми деревьями. (Предоставлено Исследовательским Центром г. Медины - Королевство Саудовская Аравия)

Внутри и снаружи мечети Ан-Набави.

Из числа всех известных Пророков Господа, Мухаммад является единственным, чьё место погребения точно установлено.

Мухаммад был похоронен в своем доме, который соединен с мечетью «Аль-Масжид Ан-Набави» в Медине.

На фото видна сторона мечети, откуда люди могут увидеть могилу Пророка Мухаммада и его дом, который в данное время закрыт.

Могила Пророка внутри мечети Ан-Набави (первая слева). Рядом с ней могилы первого Халифа и руководителя Исламским государством Абу Бакра Ас-Сыддика и второго Халифа Умара ибн Аль-Хаттаба.

Масджид Ан-Набави (Мечеть Пророка)
Фото предоставлено фотографом Али Нушадом

ПРИМЕЧАНИЯ

1 Согласно некоторым источникам и расчетам, Мухаммад родился в 571гг.

2 Согласно некоторыми источникам, брак Мухаммада и Хадиджи продолжался 24 года и несколько месяцев.

3 Существует одна единственная версия Корана, ниспосланного Пророку Мухаммаду на арабском языке. Однако существует множество смысловых переводов Священного Корана на разные языки мира, такие как английский, французский, китайский и т.д. В данном справочнике приводится смысловой перевод аятов (стихов) из Корана на русском языке.

4 Мухаммад был атакован в Таифе и был подвержен там наихудшему обращению. Он покинул Таиф разочарованным, и согласно некоторым источникам, обратился к Господу с прекрасной мольбой (смотри на следующей странице).

5 Мечеть Аль-Байя или Акаба, была построена Аббасидским Халифом Абу-Джафаром Аль-Мансури на том самом месте, где новообращённые мусульмане Медины принесли Мухаммаду присягу по принятию Ислама.

6 Небольшая община мусульман осталась в Мекке и не смогла переселиться в Медину (Ясриб).

7 Исламское летоисчисление началось с того времени, когда Мухаммад переселился из Мекки в Медину (приблизительно: 13 сентября 622 г. Мирное овладение Меккой — приблизительно: 8 января 630 г).

Обращение Мухаммада с мольбой к Господу

«О Аллах, Тебе я жалуюсь на недостаток силы
и бесчестье среди людей!

О, Милосерднейший из милосердных,

Ты - Господь слабых, так кому же Ты вверил меня?

Далёкому ли, который хмурится при виде меня,

или врагу, которому Ты отдал во власть дела мои?

Если Ты не гневаешься на меня, то мне не о чем беспо-
коиться,

но если Ты избавишь меня от этого, мне будет легче!

Прибегаю к защите света Твоего лика,

который разгоняет мрак и приводит в порядок дела
мира этого и мира вечного,

от того, чтобы постиг меня Твой гнев или настигла
Твоя ярость,

ради Тебя я буду отказываться от ненавистного Тебе,

чтобы Ты был доволен,

и нет мощи и силы ни у кого, кроме Тебя!»

Глава

4

Пророчество

Арабская вязь сделанная японским каллиграфом Нобуко Сагава

«Мы отправили тебя ко всем людям добрым вестником и предостерегающим увещевателем, но большинство людей не знает этого».

Священный Коран 34:28

Гора Нур

Мекка - Королевство Саудовская Аравия

Мухаммад и Пророчество

Мухаммад не знал, что он будет Пророком: Он вел обычную жизнь. Он был известен своей верностью, честностью и надежностью. Он никогда не поклонялся идолам, несмотря на то, что в то время идолопоклонство процветало в обществе.

Он всегда верил в то, что всё сущее было сотворено Одним Богом, и поэтому лишь Одному Богу принадлежит контроль над всем сущим. Он поклонялся Богу, приходя в пещеру, расположенную в горе, находящейся в 4-х километрах к востоку от Мекки.

Эта пещера известна под названием «Хира», на горе «Нур» (т.е. горе света). Мухаммад получил первое откровение от Господа во время уединения и поклонения в этой пещере.

пещера Хира

Это не было обманом чувств или сном: В месяце Рамадан, когда Мухаммаду уже исполнилось сорок лет, и он в очередной раз уединился в пещере на горе Хира, поминая Аллаха и поклоняясь Ему, к нему неожиданно явился ангел Джибриль (Гавриил), с вестью о пророчестве и Откровениями свыше. И сказал ему: «Читай!». Мухаммад был напуган.

Читай!

Так как он был неграмотным, он не мог читать и не знал, что нужно было читать. Архангел Гавриил снова и снова повторял «Читай!», а затем сказал:

> *«Читай во имя твоего Господа, Который сотворил все сущее. Он сотворил человека из сгустка крови. Читай, ведь твой Господь — Самый великодушный. Он научил посредством письменной трости — научил человека тому, чего тот не знал».*
>
> Священный Коран 96:1-5

Архангел Гавриил исчез после этой короткой встречи.

Мухаммад был напуган: Вернувшись домой, он дрожал от испуга. Он рассказал своей жене Хадидже обо всем случившемся и попросил укрыть его. Она сказала ему: «Аллах никогда не покроет тебя позором, ведь, поистине, ты заботишься о родственниках, помогаешь нести бремя слабым, оделяешь неимущих, оказываешь людям гостеприимство и помогаешь им переносить невзгоды судьбы!»

Слово «Мухаммад» на арабском языке, художник Абдул Маджид аль Ноэрат.

Божье откровение или дьявольские наущения?

Мухаммад опасался того, что был одержим злом, поэтому Хадиджа вывела его из дома и привела к сыну своего дяди Вараке ибн Науфалю, который принял христианскую веру во времена язычества. Выслушав его рассказ, Варака сказал ему: «Это тот же ангел, которого Аллах посылал к Мусе, мир над ним! О, если бы я был молод в эти дни, о, если бы дожил я до того времени, когда народ твой станет изгонять тебя!». Мухаммад спросил: «А разве люди станут изгонять меня?» Варака ответил: «Да, ибо когда бы ни являлся человек, приносивший с собой нечто подобное тому, с чем пришёл ты, с ним всегда начинали враждовать, но если я доживу до начала осуществления тобой твоего пророчества, то буду помогать тебе, как только сумею!»

Ты Посланник Бога: Мухаммаду нужно было время, чтобы придти в себя, потому он не возвращался на гору. Через некоторое время к нему вернулся Архангел Гавриил и сообщил ему о том, что он является посланником Бога, Господа всего сущего. И прочитал ему следующие слова от Господа:

«О завернувшийся! Встань и увещевай! Господа своего величай! Одежды свои очищай! Идолов стое ронись! Не оказывай милости, чтобы получить больє шее! Ради Господа твоего будь терпелив!».

Священный Коран 74:1-7

Гавриил продолжал посещать Мухаммада на протяжении 23 лет. В этот период Божье Послание (Священный Коран) ниспосылалось человечеству.

Мухаммад доводит Божье Послание до людей: Мухаммад поступал согласно Откровению, которое он начал получать в 610 году. Мухаммад призывал как людей Аравии, так и людей, живших за её пределами к вере в Единого Бога и повиновению его законом, так как именно в этом заключалось величайшее благо для всего человечества.

Какова суть Послания? Исламское Послание базируется на «Акиде», т.е. вероубеждении (вере в Единого Бога, вере в то, что только Господь достоин поклонения) и «Шариате», т.е. Божьих законах и правилах, которые всесторонне регулируют жизнь людей.

Вера и закон

Шариат разделен на три главные ветви: (1) Поклонение: повседневная молитва, пост, выплата Закята (милостыни) и т.п. (2) Этика (мораль): правильность и праведность поведения, этикета и нравственных ценностей (честность, верность, искренность, любовь, взаимодействие и т.п.). (3) Деловая жизнь и деловые отношения: правосудие, права человека, моральные принципы ведения торговых дел, деловая этика, принципы наследования имущества и т.п.

Примечание: После начала ниспослания Божественного Откровения, и на протяжении 13 последующих лет, основу призыва к Исламу составляло обучение людей монотеизму или Единобожию (Акиде). После переселения в Медину началось объяснение и практическое применение Шариата.

Божьи Заповеди

«Скажи (О Мухаммад):
«Придите, и я прочту то, что запретил вам ваш Господь». (1) Никого не приобщайте к Нему в сотоварищи, (2) делайте добро родителям. (3) Не убивайте своих детей, опасаясь нищеты, ведь Мы обеспечиваем пропитанием вас вместе с ними. (4) Не приближайтесь к мерзким поступкам - ни к очевидным, ни к сокрытым. (5) Не убивайте душу, которую Аллах запретил убивать, если только у вас нет на это права. Это заповедал вам Аллах, - быть может, вы уразумеете. (6) Не приближайтесь к имуществу сироты, кроме как во благо ему, пока он не достигнет зрелого возраста. (7) Наполняйте меру и весы по справедливости. Мы не возлагаем на человека сверх его возможностей. (8) Когда вы произносите слово, будьте справедливы, даже если это касается родственника. (9) Будьте верны договору с Аллахом. Это заповедал вам Аллах, - быть может, вы помяните назидание. Таков Мой прямой путь. (10) Следуйте по нему и не следуйте другими путями, поскольку они собьют вас с Его пути. Он заповедал вам это, - быть может, вы устрашитесь».

Священный Коран 6:151-153

Пророчество

Практическое применение учения Мухаммада в Абиссинии: Джафар бин Абу Талиб был среди 80 мусульман, которые бежали в Абиссинию (ныне известную как Эфиопия в Африке), чтобы спастись. Обращаясь к королю Абиссинии от имени мусульман, которые искали убежища, Джафар сказал:

«О царь, мы были из тех, кто погряз в невежестве, поклонялся идолам, ел мертвечину, совершал зло и непристойные поступки, разрывал отношения с родней, не чтил соседей, сильному было позволено обижать слабого.

Так продолжалось до тех пор, пока Аллах не послал к нам Пророка из нашего

рода, человека из благородной семьи, честного, искреннего, целомудренного.

Он призывал нас к тому, что Аллах — един, и поклоняться нужно лишь только одному Аллаху, и отбросить всех идолов и все изваяния, которым поклонялись наши предки и мы.

Он призвал нас говорить только истину, укреплять родственные отношения, оставить зло и непристойное и совершать благое. Мы последовали за ним и уверовали во всё, что пришло к нему от Аллаха. И по этой причине нас начали притеснять и мучить, хотели насильно заставить отказаться от истинной религии и поклоняться идолам. Насилие и притеснения не прекращались, и когда нам стало трудно, мы переселились к вам в надежде на то, что вы не будете притеснять нас, а будете защищать».

Король-Христианин принимает религию Мухаммада:

После того как Джафар закончил свою речь, Король Абиссинии (который был религиозным и богобоязненным человеком) попросил Джафара прочитать наизусть некоторые строки из «Книги» (Священного Корана), которая была ниспослана Мухаммаду. Джафар прочитал часть главы Марьям[1] (Мария, мать Иисуса). Он продолжал читать до тех пор, пока Король не заплакал, и его борода стала влажной от слёз.

Негаш, мечеть Тигре, Эфиопия

Затем Король сказал:

> «Послание, ниспосланное Мухаммаду и то, что было ниспослано Иисусу (Исе) - из одного источника».

Послание Ислама

Ислам простыми словами

Ислам означает покорность и преданность Единому Богу. Это монотеистическая религия; приверженцы Ислама верят, что Бог — Один и Он ни с чем несравним. У Него нет сотоварищей или сыновей. Он не родил и не был рожден. Он создал вселенную и всех живых существ. Никто не разделяет с Ним Его Владычество, и никто, кроме Него, не достоин поклонения или мольбы.

Имя Бога

Его имя — *Аллах*. Господь обладает многими атрибутами и качествами. В Исламе естьдевяностодевятьпризнанных «прекрасных имен» и атрибутов Аллаха. Например, Бог — «Самый Милосердный» и «Всезнающий». Никто не может быть более милосердным, чем Он, и никто не может обладать большим знанием, чем Он.

Русский язык	Арабский язык	Иврит	Арамейский язык
Бог	Аллах	Элохим	Алаха

«Он — Аллах, и нет божества, кроме Него, Ведающего сокровенное и явное. Он — Милостивый, Милосердный.
Он — Аллах, и нет божества, кроме Него, Властелина, Святого, Пречистого, Оберегающего, Хранителя, Могущественного, Могучего, Гордого. Пречист Аллах и далек от того, что они приобщают Ему в сотоварищи.
Он — Аллах, Творец, Создатель, Дарующий облик. У Него самые прекрасные имена. Славит Его то, что на небесах и на земле. Он — Могущественный, Мудрый»

(Коран, 59:22-24)

Придерживайся прямоты

Мухаммад и Ислам: Один человек сказал: «О Посланник Аллаха! Скажи мне об Исламе такие слова, чтобы мне уже никогда не пришлось спрашивать о нем других».
Пророк ответил:

«Скажи: „Я уверовал в Аллаха" — а потом придерживайся прямоты».

Принятие Ислама требует сбалансированного образа жизни без крайностей в действиях, речах или поступках.

Ислам и мир: В арабском языке слово *Ислам* — существительное, образованное от глагола *салима*, который означает «быть благополучным», «спасаться», «сохраняться», «быть свободным». Слово *Ислам* в арабском языке связано со словом *салам*, что означает «мир».

Пророк описал мусульманина следующим образом: «Мусульманин — тот, от (вреда) языка и рук которого не страдают другие люди».

В Исламе «Мир» является одним из прекрасных имен Господа. Тот, кто подчиняет свою волю воле Господа, неизбежно обретает внутренний мир и спокойствие, и находится в мире с окружающей средой и людьми.

Интересно, что в мусульманском обществе, люди приветствуют друг друга словами «ассаляму алейкум», что означает «мир вам», вместо слова «привет» или «здравствуйте». Полная версия этого приветствия: «Мир вам, милость Аллаха и Его благословение!»

Мусульмане или магометане?

В отличие от последователей других религий, последователи Мухаммада не называются «магометанами». Приверженец Ислама или тот, кто принимает Ислам, называется «мусульманином», т. е. тем, кто уверовал в единого Бога и подчинился Ему.

Шесть основополагающих постулатов исламского вероучения: Вера в Аллаха — Творца всего сущего, включает в себя ряд положений, главным из которых является Единобожие. Вера в Аллаха неразрывно связана с верой в ангелов, верой в священные писания, ниспосланные Аллахом через пророков, верой в божьих пророков, верой в Судный День и верой в предопределение.

Пять столпов Ислама: Пять столпов составляют фундамент, на котором построена жизнь мусульман. Столпы Ислама сводятся к следующим пяти постулатам:

1	**Шахада**	«Свидетельствую, что нет Бога, кроме Аллаха, и свидетельствую, что Мухаммад — посланник Аллаха»
2	**Обрядовая молитва (салят)**	совершение ежедневной пятикратной молитвы.
3	**Пост (саум)**	соблюдение поста в месяц Рамадан.
4	**Закят**	обязательная милостыня с богатых в пользу бедных.
5	**Хадж**	совершение паломничества в Мекку один раз в жизни, — для тех мусульман, которые материально и физически мо- гут это сделать.

1 -Свидетельство (символа веры) Ислама — шахады

Это признание того, что существует один и только один Бог, которому стоит поклоняться. Он создал Вселенную и все что вокруг. Его зовут Аллах, и Мухаммад Его — посланник.

Человек говорит это, чтобы стать мусульманином, когда он или она верит в это сердцем и признает на словах. Суть шахады: «Нет божества, кроме Аллаха, и Мухаммад является посланником Аллаха» (По-арабски это звучит так: *«Ашхаду алля иляха илля ллаху ва ашхаду анна мухаммадан расулю ллах»*)

Признавая Мухаммада как Пророка и Посланника, требуется также признать всех пророков и посланников которых Всевышний послал перед ним.

Свидетельство (шахада) в арабской каллиграфии, которое было разработано в художественном стиле. Оно гласит: «Я свидетельствую, что нет Бога, кроме Аллаха, и Мухаммад является Его рабом и Его посланником.»

2 - Предписания ежедневных молитв (салят)

Молитва (салят) в Исламе является актом поклонения, который позволяет человеку приблизиться к Богу. Есть пять ежедневных обязательных молитв в Исламе. Они распределены в течение дневного цикла. Сутью поклонения является прославление Всевышнего и возношение хвалы Ему. Сердцем, языком и телом.

Ислам .. Вера в действии

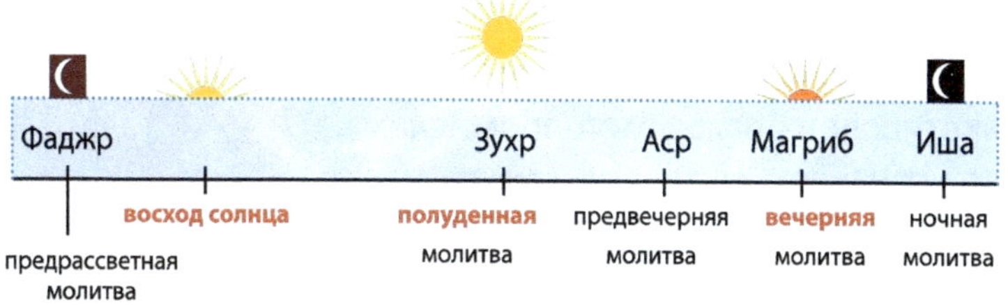

> *«Если Мои рабы спросят тебя обо Мне, то ведь Я близок и отвечаю на зов молящегося, когда он взывает ко Мне. Пусть же они отвечают Мне и веруют в Меня, — быть может, они последуют верным путем»* (Коран, 2:186)

На самом деле, слово *салят* буквально означает «горячее подключение». Это практическая демонстрация веры. Каждая молитва включает в себя физические движения: поклоны и простирание ниц перед Аллахом. Молитва показывает постепенно увеличивающийся уровень покорности Аллаху. Она требует полной концентрации и отрешенности от мирских вопросов. Пророк Мухаммад сказал: «Человек ближе всего к Аллаху во время поклонения».

Молиться пять раз в день может показаться чрезмерным для некоторых людей. В действительности это своего рода «медитация», что занимает не более сорока минут в день. Так же, как мы едим три или четыре раза в день и никогда не жалуемся на это, потому что нам нужна пища, чтобы выжить. Точно так же нам необходима духовная пища для нашей души. Периодическая молитва в течение дня дает нам такую духовную пищу.

3 - Закят. Милостыня.

Закят является важным столпом ислама. Это означает раздавать милостыню (заниматься благотворительностью) один раз в год бедным и нуждающимся, как это предусмотрено в Коране. Это обусловлено 2,5% от избыточного личного богатства. Закят очищает сердце от жадности и удаляет ненависть и ревность из сердец бедных. Милостыня способствует укреплению социальных отношений и сотрудничеству, состраданию и уважению. Закят повышает благосостояние всего общества и достигается социальная справедливость.

4 - Пост в месяц Рамадан

Мусульмане обязаны поститься весь лунный месяц Рамадан (29 или 30 дней), от рассвета до заката. В период поста мусульмане обязаны воздерживаться от еды, питья и сексуальных связей, и при этом жить обычной жизнью. Пост ради Всевышнего, помогает познать что пища на самом деле посылается непосредственно Аллахом.

Когда люди чувствуют голод, они понимают страдания нуждающихся людей.

Особенно, людей живущих в местности без доступа к основным видам питания. Богатые будут более склонны подавать милостыню, когда они постятся. Это укрепляет отношения между богатыми и бедными, и помогает создать социальную гармонию. Пост позволяет обуздать внутренние желания, научится самоконтролю, и следовательно, достичь духовного развития. Пост полезен для здоровья и врачи рекомендуют его для лечения некоторых заболеваний.

Лунные месяцы	
1	Мухаррам
2	Сафар
3	Раби уль-авваль
4	Раби ус-сани
5	Джумада аль-уля
6	Джумада ль-ахыра
7	Раджаб
8	Шаабан
9	**Рамадан**
10	Шавваль
11	Зуль-каада
12	**Зуль хиджа**

5 - Паломничество в Мекку. Хадж

Хадж – это паломничество в Мекку, в лунный месяц Зуль-Хиджа. С намерением посетить Священную Мечеть (Дом Аллаха) и выполнить определенные религиозные обряды. Это пятый столп ислама, который должен быть выполнен на протяжении жизни всеми мусульманами (которые достигли возраста полового созревания), если у них есть финансовая и физическая возможность выполнить его.

Как люди всех рас и народностей, собираются в духовном Эпицентре Исламского мира, они подтверждают свою общую родословную с Адамом и их духовное родство с Авраамом.

Один Бог... Одно Послание

Пророки и Посланники Бога в Священном Коране:

Ислам признает всех пророков и посланников Бога, посланных до Мухаммада, направлявших человечество на правильный путь. Они все приходили с одним посланием - посланием «Единобожия», которое означает то, что только Всевышний Господь достоин поклонения. Бог посылал их к людям для того, чтобы они объяснили им смысл жизни, защитили от заблуждения и обучили праведности.

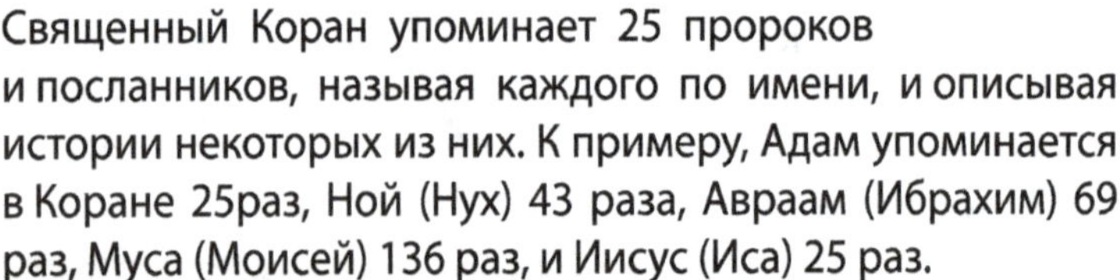

Священный Коран упоминает 25 пророков и посланников, называя каждого по имени, и описывая истории некоторых из них. К примеру, Адам упоминается в Коране 25раз, Ной (Нух) 43 раза, Авраам (Ибрахим) 69 раз, Муса (Моисей) 136 раз, и Иисус (Иса) 25 раз.

Посланник Аллаха сказал: «Поистине, для сравнения меня с жившими прежде пророками можно привести притчу о человеке, который построил хороший дом и полностью украсил его, если не считать того, что не хватало последнего кирпича в одном из его углов. И люди стали ходить вокруг этого дома, дивясь его красоє те и говоря: «Вот если бы и этот кирпич был на месте!» Пророк, также сказал: «Я и есть этот кирпич, и я - поө следний из пророков». (Передал Аль-Бухари 4.734 , 4.735)

«Мы уже отправляли посланников до тебя. Среди них есть такие, о которых Мы рассказали тебе, и такие, о которых Мы не рассказывали тебе. Все посланники показывали знамения только с дозволения Аллаха. Когда же явится веление Аллаха, будет вынесен истинный приговор, и тогда приверженцы лжи окажутся в убытке».

Священный Коран 40:78

«Скажите: "Мы уверовали в Аллаха, а также в то, что было ниспослано нам и что было ниспослано Ибрахиму (Аврааму), Исмаилу (Измаилу), Исхаку (Исааку), Йакубу (Иакову) и коленям (двенадцати сыновьям Йакуба), что было даровано Мусе (Моисею) и Исе (Иисусу) и что было даровано пророкам их Господом. Мы не делаем различий между ними, и Ему одному мы покоряемся"».

Священный Коран 2:136

Тора, Евангелия и Коран - Послания Бога человечеству:

Вера в Книги, ниспосланные Господом до Корана -один из основных столпов Ислама. Мусульмане верят, что Священный Коран не противоречит предыдущим посланиям, а указывает на уклонения от истины, которые произошли с этими книгами в течение многовековой истории.

«Мы ниспослали Таурат (Тору), в котором содержится верное руководство и свет».

Священный Коран 5:44

«Вслед за ними Мы отправили Ису (Иисуса), сына Марьям (Марии), с подтверждением истинности того, что было прежде ниспослано в Таурате (Торе). Мы даровали ему Инджил (Евангелие), в котором было верное руководство и свет, которое подтверждало то, что было прежде ниспослано в Таурате (Торе). Оно было верным руководством и назиданием для богобоязненных».

Священный Коран 5:46

«Мы ниспослали тебе Писание с истиной в подтверждение прежних Писаний, и для того, чтобы оно предохраняло их (или свидетельствовало о них; или возвысилось над ними)».

Священный Коран 5:48

«Это — те, кого облагодетельствовал Аллах, из числа пророков, которые были потомками Адама и тех, кого Мы спасли вместе с Нухом (Ноем), и потомками Ибрахима (Авраама) и Исраила (Израиля), и из числа тех, кого Мы наставили на прямой путь и избрали. Когда им читали аяты Милостивого, они падали ниц и рыдали»

Священный Коран 19:58

Таблица 1: Жизнь основных пророков

Пророк	Мухаммад	Иисус (Иса)	Моисей (Муса)	Авраам (Ибрахим)
Время жизни	570-632 года н.э.	1-33 года н.э.	Прим.1400 лет до н.э.	Прим.1700 лет до н.э.
Приблизительный возраст	63	33	120	175

Мухаммад и Ибрахим (Авраам):

Ибрахим (Авраам) считается отцом пророков в Иудаизме, Христианстве и Исламе, т.к. большинство пророков были его потомками. Мусульмане верят, что род пророка Мухаммада происходит от первого сына Ибрахима (Авраама) — Исмаила (Измаила), который приходится отцом многим арабским племенам. С другой стороны, народ Израиля и многие другие пророки, такие как Йакуб (Иаков), Йусуф (Иосиф), Харун (Аарон) и Муса (Моисей), произошли от второго сына Ибрахима (Авраама) — Исхака (Исаака). Ибрахим (Авраам) посвятил свою жизнь и все свои силы обучению людей единобожию. Священный Коран часто упоминает историю Ибрахима (Авраама). Коран указывает, что после того как он приложил усилия для того чтобы отыскать истину и признал единство Бога (Аллаха), Ибрахим (Авраам) на практике доказал свою искренность, честность, благодарность и покорность Богу. Он представляет собой один из величайших примеров полной покорности Единому Богу (Аллаху), даже в самых сложных жизненных ситуациях.

Адам
Идрис
Ной
Авраам
Исаак
Исмаил
Йакуб
Кедар
Моисей
Иисус
Мухаммад

«Чья религия может быть прекраснее религии того, кто покорил свой лик Аллаху, будучи творящим добро, и последовал за верой Ибрахима (Авраама), исповедуя единобожие? Аллах сделал Ибрахима (Авраама) Своим возлюбленным».

(Священный Коран 4:125)

Один Бог

Он был человеком истины, который показал образцовый пример послушания Богу, поэтому, согласно Священному Корану, Бог избрал Ибрахима (Авраама) одним из лучших людей в земной жизни, и в следующей жизни он будет одним из праведников (Священный Коран 4:125; 2:130). Господь направил Ибрахима к правильной религии, и сделал его имамом т.е. предво- дителем для людей (Священный Коран 2:124) , и описал его как покорного Господу (Священный Коран 16:120).

Ибрахим почитается мусульманами как человек, возродивший имя **«Мусульмане»** (т.е. те, которые верят в Единого Бога и подчиняются Ему) (Священный Коран 22:78).

«Ибрахим (Авраам) не был ни иудеем, ни христианином. Он был единобожником, мусульманином и не был из числа многобожников».

(Священный Коран 3:67)

Примечание: Имя «Авраам» произошло от Аврама или Абрама,и по-арабски пишется и произносится «Ибрахим». Римско-католиеская Церковь называет Ибрахима «наш отец по вере». Восточная Православная Церковь чтит его память как «Праведного Праотца».

Считается, что первое строение для поклонения Единому Богу было возведено, когда Адам спустился на землю. Мусульмане верят, что пророк Авраам и его сын Исмаил восстановили это здание и заново возвели его стены. Это здание представляет собой строение кубической формы, и называется «Кааба». Кааба находится в Мекке в долине «Бакка» (ныне Королевство Саудовская Аравия). На Авраама и его сына была возложена обязанность по очищению Каабы для всех молящихся и склоняющихся перед Господом в земных поклонах людей.

Бог сделал Каабу святилищем и местом поклонения для людей.

Мольба Ибрахима (Авраама) и Исмаила (Измаила):

> *«Господь наш! Сделай нас покорившимися Тебе, а из нашего потомства — общину, покорившуюся Тебе. Покажи нам обряды поклонения и прими наше покаяние. Воистину, Ты — Принимающий покаяние, Милосердный».*
>
> (Священный Коран 2:128)

Запретная мечеть или Заповедная мечеть ((Аль-Масджид Аль-Харам) - Мекка - Королевство Саудовская Аравия. Главная и крупнейшая в мире мечеть, во внутреннем дворе которой находится главная святыня ислама - Кааба. Мусульмане верят что Бог (Аллах), приказал Пророку Аврааму (Ибрахиму) воздвигнуть Каабу для прославления и поклонения Ему Одному (Единому Богу). Во время молитвы мусульмане всего мира направляют свои лица в сторону Каабы.

Пророк Мухаммад указал на то, что молитва в Священной мечети высоко вознаграждается. Одна молитва в Священной мечети равна 100 тысячам молитв в ином месте.

Хадж

Каждый год, более трех миллионов мусульман совершают паломничество(Хадж), в Священную Мечеть в Мекке (Королевство Саудовская Аравия). Хадж является пятым столпом Ислама, который необходимо совершить один раз в жизни для тех, у кого есть финансовая и физическая возможность для его совершения.

Мухаммад обучил людей совершению Хаджа, который состоит, в основном, из обрядов, выполнявшихся Ибрахимом (Авраамом). Сначала Мухаммад обходил Каабу. Обхождение вокруг Каабы выполняется семь раз против часовой стрелки. Этот акт подчинения Богу находится в гармонии с движением планет и даже электронов.

Затем Мухаммад молился за «местом стояния Ибрахима

(Авраама)». В настоящее время это огороженное место, где на куске камня находится отпечаток ступни Ибрахима (Авраама). Мусульмане называют это место «Макаму Ибрахим».

Затем Мухаммад ходил (быстрыми шагами) между горами «Сафа» и «Марва», тем самым местом, где много тысяч лет назад ходила в поисках воды Хаджар, после того как ее муж Ибрахим (Авраам) оставил ее там вместе с грудным сыном Исмаилом (Измаилом).

Ибрахим (Авраам) попросил ее, чтобы она осталась там, исполняя Божье веление, и повиновалась Его приказу, т.к. Господь хотел сделать это место убежищем и местом поклонения.

Расстояние между этими холмами составляет примерно 395 м. Этот обряд паломничества называется «Саъи», т.е. быстрая ходьба между «Сафой» и «Марвой». Он включает в себя 7 кругов (которые в сумме составляют 2.76 км.). Начинается ходьба у «Сафы» и заканчивается у «Марвы». **«Саъи»** подобно повседневному движению, активности и действиям человека, совершаемым в течение его жизни. Эти действия должны быть полезными и значимыми. Они должны соответствовать Божьим Заповедям.

Кроме этого, есть и другие обряды Хаджа. Мухаммад отправился к месту, в настоящее время известному как «**Джамарат**», в городе под названием Мина (8 км к востоку от Мекки).

Там он бросал камни - это действие схоже с действиями Ибрахима (Авраама), который бросал камни в Сатану, который появлялся перед ним в образе старика. Старик пытался отговорить Ибрахима (Авраама) от принесения своего сына в жертву Господу. Ибрахим (Авраам) несколько раз бросал в него камни. Когда мусульмане совершают то же самое действие, они, в действительности, бросают вызов Сатане и своим внутренним порочным вожделениям.

В итоге, Бог спас жизнь сыну Авраама, заменив его на жертвенное животное. Приношение в жертву овцы или козленка символизирует жертво- приношение Авраама. После совершения жертвоприношения мясо животного распределяется среди бедных..

Мухаммад учил мусульман, возносить мольбу за Авраама и его семью в ежедневной пятикратной молитве. Кроме того, стоит отметить, что Мухаммад назвал одного из своих сыновей Ибрахимом, но он умер, будучи ребенком.

«Скажи: "Воистину, мой Господь наставил меня на прямой путь, на правильную религию, веру Ибрахима (Авраама), истинное единобожие. Он не был из числа многобожников».

(Священный Коран 6:161)

Считается, что Авраам был похоронен в Хевроне (Халиле) — Палестина. Хеврон считается священным местом для иудеев и христиан. Строительный комплекс, который содержит кенотаф Авраама (Кенотаф — надгробный памятник в месте, которое не содержит останков покойного, своего рода символическая могила) называется «Аль-Масджид аль-Ибрахим» (Мечеть Авраама). Немусульмане называют это место «Гробницы Патриархов».

Это здание представляет собой большую мечеть прямоугольной формы, с двумя квадратными минаретами.
Оно также включает в себя множество комнат и ряд подземных камер. Центральная комната здания содержит кенотафы Авраама (Ибрахима) и Сары. Комната с южной стороны содержит кенотафы Исаака и Ребекки.

Северная комната здания содержит в себе кенотафы Йакуба (Иакова) и Лия. Предполагается, что останки Ибрахима, Исхака (Исаака), Йакуба, Сары, Ребекки и Лия хранятся в подземных камерах под зданием.

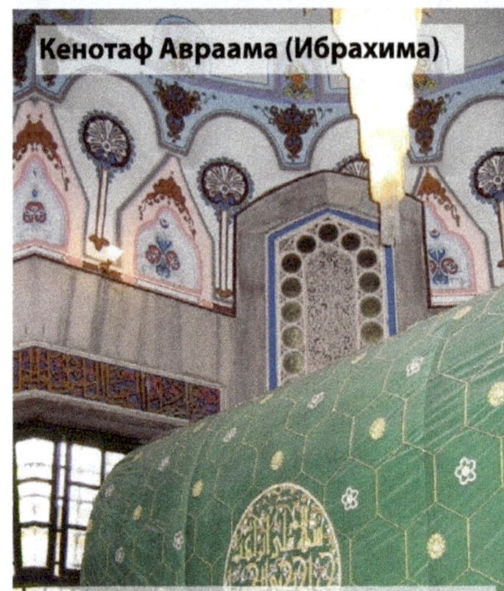

Кенотаф Авраама (Ибрахима)

Примечание: Мусульмане не возвеличивают могилы. Согласно исламскому учению, могила не должна подниматься выше уровня земли на пядь.

«Человек который говорил с Богом»

Мухаммад и Муса (Моисей):

Мухаммад восхвалял Пророка Мусу (Моисея) и указал, что в День Воскресения он увидит Мусу (Моисея), держащимся за край БожьегоТрона (Трона Аллаха).

Когда Мухаммад переселился в Медину, он увидел, что иудеи постятся в день Ашура (день, когда Бог избавил народ Израиля от Египетского Фараона) и указал мусульманам, что они могут добровольно поститься в этот день, т.к. Муса (Моисей) постился в этот день, выражая тем самым благодарность Богу. (День Ашура — это десятое число первого месяца по мусульманскому календарю).

Приблизительно одна треть Священного Корана повествует историю Мусы (Моисея) и рассказывает о том, что пришлось испытать сынам Израиля. Кроме того, Священный Коран упоминает некоторых пророков, посланных к сынам Израиля, таких как Харун (Аарон), Закарийя (Захария) и Яхья (Иоанн).

Священный Коран указывает на то, что Бог говорил с Мусой (Моисеем) и описывает Мусу (Моисея) как одного из пяти посланников и пророков, посланных с величайшими миссиями (Улю Аль-Азм). Господь заключил суровый завет с этими посланниками (Священный Коран 33:8). Пять посланников - это **Нух (Ной), Ибрахим (Авраам), Муса (Моисей), Иса (Иисус)** и **Мухаммад** (мир им всем).

Предполагают, что Муса (Моисей) умер недалеко от горы «Небо», которая возвышается над мертвым морем и Палестинской землей. Мемориальное сооружение, построенное на горе, стало туристической достопримечательностью Иордании.

Мусульмане видят много общего между Мусой (Моисеем) и Мухаммадом. Оба были пророками и посланниками, донёсшими до людей Божью Книгу, заключающую в себе законы и заповеди Бога. Они оба руководили людьми и жили среди них долгое время. Были женаты и имели детей.

Мухаммад и Иса (Иисус):

Согласно достоверным источникам, Мухаммад сказал:

«Я самый близкий человек к сыну Марьям (Марии) и все пророки как братья по отцу, и нет пророка между мной и им (т.е. Исой (Иисусом))»..

«Иисус в Коране»

Священный Коран описывает Ису (Иисуса), как Божье Слово и благую весть, донесенную до Марьям (Марии). Его имя Масих Иса (Мессия Иисус) сын Марьям (Марии). Господь даровал Исе (Иисусу), сыну Марьям (Марии), ясные знамения и укрепил его Святым Духом (Архангелом Гавриилом) и отправил его Посланником к сынам Израиля, для того чтобы направить их на прямой путь и для того чтобы они поклонялись Богу, его и их Господу, Господу всех миров.

(Священный Коран 2:87; 3:45-49; 4:171)

Назарет - исторический город в Нижней Галилее, Палестина. Упоминается в Евангелии как место жительства Марьям (Марии), тесно связан с детством Исы (Иисуса). Согласно римско-католической традиции, благовещение имело место в церкви Благовещения в Назарете.

Священный Коран описывает Ису (Иисуса) как прославленного и выдающегося человека в этом мире, а также одним из праведников и приближённых к Господу в Вечной Жизни.

Священный Коран указывает на то, что Бог (Аллах) научил Ису (Иисуса) Писанию и мудрости — Торе и Евангелию. Он поддержал его чудесами. Иса (Иисус) исцелял слепых и прокаженных, оживлял мертвых. Иса (Иисус) творил эти чудеса лишь с дозволения и воли Господа.

Вифлеем: Церковь Рождества — одна из старейших действующих церквей в мире. Как полагают многие христиане, она знаменует место рождения Иисуса Христа.

Мусульмане верят, что Иса (Иисус) вернется. Мухаммад указал на то, что День Воскресения не наступит до тех пор, пока Иса (Иисус) не спустится с небес.

Он вернется для установления Божьего Закона перед концом Света. Он сразится с Ложным Мессией (Антихристом) и объединит всех верующих в Единого Бога (Аллаха). Он будет справедливым и праведным правителем, устанавливающим мир и порядок. Мусульманам было вменено стать из числа тех, кто будет поддерживать Ису (Иисуса) по его возвращении.

Дамаск, Сирия: согласно некоторым повествованиям, Пророк Мухаммад указал, что по возвращении на землю, Иисус сойдет в восточной стороне Дамаска.

Всеобъемлющий характер Послания, принесенного Мухаммадом: Мусульмане верят, что Мухаммад получил то же Послание, которое было ниспослано Аврааму, Моисею, Иисусу и другим пророкам, но в отличие от всех остальных пророков и посланников, миссия Мухаммада была всеобъемлющей. Он был послан всему человечеству, в то время как пророки и посланники до него посылались отдельным народам. Ему было поручено исправить убеждения людей, вернуть их к истинной вере и обучить их праведным делам.

«Мы отправили тебя только в качестве милости к мирам» (Священный Коран 21:107)

Письмо Мухаммеда Римскому Императору

Мухаммад посылал письма руководителям и королям соседних держав и сверхдержав, таких как Персия, Византия и Египет с призывом к Исламу. Когда Ираклий — Король Византии, получил письмо Мухаммада, он пригласил к себе Абу Суфьяна (одного из главных предводителей и торговцев Мекки, который оказался в тех краях по торговым делам). Ираклий задал Абу Суфьяну несколько вопросов и просил его ответить правдиво.

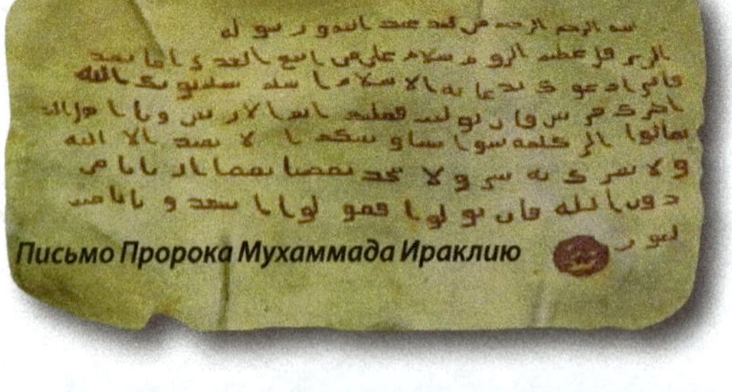

Письмо Пророка Мухаммада Ираклию

Ираклий : «Каково его происхождение?»
Абу Суфьян : «Он из благородной мекканской семьи»
Ираклий : «А говорил ли кто-нибудь из вас раньше, что он также является пророком?»
Абу Суфьян : «Нет».
Ираклий : «Число последователей Мухаммада с каждым днем увеличивается или уменьшается? А отрекается ли кто-нибудь от его религии из-за неприязни, недовольства ею? »
Абу Суфьян : «Последователи Мухаммада восхищаются им и их число увеличивается»
Ираклий : «Чему он учит вас?»
Абу Суфьян : «Верить в единого Бога и быть социально справедливым »

Закончив задавать Абу Суфьяну эти вопросы, Ираклий сказал: «Если то, что ты говоришь, верно, это значит, что он непременно завладеет и той землей, что ныне находится под моими ногами».

Император Ираклий правил Римской империей с 610 по 640 гг. н.э. В теп чение этого времени он провел три военные кампании, победил Персидэ скую Империю и овладел Сирией, Палестиной и Египтом. В 636 году Ислам достиг Палестины, Сирии, Египта и большей части Северной Африки. В 642 году Ислам достиг Персии.

Ислам — мировая религия: В настоящее время Ислам является второй по величине религией в мире после Христианства. По общим данным демографического исследования, проведённого в более чем 200 странах, выяснилось, что на сегодняшний день на земле проживает 1,57 млрд. мусульман всех возрастов, что составляет примерно 23% от мирового населения численностью 6.8 млрд. (данные на 2009 г. - Форум по вопросам религиозной и общественной жизни, 2009).).

Не все мусульмане арабы: Арабы-мусульмане составляют менее чем одну четвертую от общего числа мусульман в мире.

В мире существует около 2,1 миллиарда христиан, что составляет 33% мирового населения и 1,1 миллиарда атеистов (16% от мирового населения). Иудаизм представляет 0,22% мирового населения (около 14 млн. человек).

ПРИМЕЧАНИЯ

1 Отрывок из истории о Марьям (Марии) — Священный Коран 19:16-23

«Помяни в Писании Марьям (Марию). Вот она ушла от своей семьи на восток и укрылась от них за завесой. Мы же послали к ней Нашего Духа (Джибриля), и он предстал перед ней в облике прекрасно сложенД ного человека. Она сказала: "Я прибегаю к Милостивому, чтобы Он защитил меня от тебя, если только ты богобоязнен".

Он сказал: "Воистину, я послан твоим Господом, чтобы даровать тебе чистого мальчика".

Она сказала: "Как у меня может быть мальчик, если меня не касался мужчина, и я не была блудницей?"

Он сказал: "Вот так! Господь твой сказал: "Это для Меня легко. Мы сделаем его знамением для людей и милостью от Нас. Это дело уже решено!""

Она понесла его (забеременела) и отправилась с ним в отдаленное место. Родовые схватки привели ее к стволу пальмы, и она сказала: "Лучше бы я умерла до этого и была навсегда забытой!"»

Согласно истории, упомянутой в Священном Коране, Марьям (Мария) принесла своего сына к своему народу, который обвинил ее, однако Иса (Иисус) будучи новорожденным ребенком чудесным образом заговорил: (Священный Коран 19:30-35)

«Воистину, я - раб Аллаха. Он даровал мне Писание и сделал меня пророком. Он сделал меня благословенным, где бы я ни был, и заповедал мне совершать намаз и раздавать закят, пока я буду жив. Он сделал меня почтительным к моей матери и не сделал меня надменным и несчастным. Мир мне в тот день, когда я родился, в тот день, когда я скончаюсь, и в тот день, когда я буду воскрешен к жизни». Таков Иса (Иисус), сын Марьям (Марьям)! Таково истинное Слово, относительно которого они препираются. Не подобает Аллаху иметь сына. Пречист Он! Когда Он принимает решение, то стоит Ему сказать: «Будь!» - как это сбывается. Иса (Иисус) сказал: «Воистину, Аллах - мой Господь и ваш Господь. Поклоняйтесь же Ему. Это и есть прямой путь».

Глава 5

Морально-нравственные ценности исламской цивилизации

Личностное развитие и превосходство

Идеальный баланс в удовлетворении телесных и душевных потребностей: Мухаммад призывал к поддержанию и сохранению равного баланса между материальным и духовным. Он учил своих последователей тому, что потребности души и тела необходимо удовлетворять, но делать это нужно с помощью правомерных способов, соблюдая при этом баланс. Он призывал людей к тому, чтобы религия стала причиной приобретения ими уклада жизни, основанного на улучшении телесного и духовного состояния.

Нет экстремизму

Мухаммад осуждал чрезмерность: Он призывал к сбалансированному образу жизни, сбалансированным взглядам и рациональному мышлению. Передаётся, что однажды к дому Пророка пришли трое, которые стали расспрашивать о том, как Пророк поклоняется Аллаху. Пророка не было дома, и его жена ответила на их вопросы. После её рассказа, они обнаружили степень его поклонения меньшей, чем они ожидали. Они полагали, что религиозный образ жизни требует сосредоточивания на духовности, с игнорированием телесных потребностей и естественных желаний.

Согласно их пониманию, религиозный человек не должен жениться. Кроме того, он должен поститься каждый день и, помимо пятикратной молитвы, он обязан выстаивать каждую ночь в дополнительных молитвах.

Когда Пророк узнал об этом, он сказал: «Во имя Аллаха! Я более богобоязнен, чем вы! Тем не менее, я пощусь и прерываю пост, молюсь и иду спать, и я женат». Он сказал:

«Кто пренебрегает моим примером, тот не из нас» (Аль- Бухари и Муслим)

Мухаммад не поощрял трудности:

Простота

Передаётся, что всякий раз, когда Пророку необходимо было принять решение по тому или иному вопросу, допускающему альтернативные пути решения, он всегда избегал трудностей и выбирал наименее сложный путь, с тем, чтобы данный путь удовлетворял условию и не был связан с неправомерными действиями.

Предоставлено калд лиграфом Виссамом Шаукатом

Очищение и чистоплотность:

Согласно исламскому вероучению чистота и личная гигиена являются важными требованиями.

> *«…Воистину, Аллах любит кающихся и любит очищающихся».*
> Священный Коран 2:222

> *«Одежды свои очищай!»*
> Священный Коран 74:4

Ежедневное омовение

Совершение омовения перед молитвой является важным условием самой молитвы. Оно включает в себя омовение рук, лица, предплечий до локтя, протирание головы и мытьё ног.

Гусл - полное очищение тела путём ритуального омовения: Регулярное совершение Гусла (омовения всего тела) настоятельно рекомендуется и рассматривается как часть сунны Пророка (его учение и образ жизни). Гусл является обязательным условием для очищения в определённых ситуациях (например, после супружеской близости или менструации).

Мухаммад подчеркнул важность чистоты и чистоплотности во всех аспектах жизни. Он завещал своим сподвижникам регулярно очищать свои дома и прилегающую к ним территорию. Он учил их тому, что устранение мусора или чего-то вредного с дороги является благим поступком, за который им будет дана награда. Кроме того, Мухаммад призвал своих сподвижников к поддержанию личной гигиены и чистоты. Его высказывания указывают на следующее:

- Облачайтесь в чистую и опрятную одежду, но не будьте расточительными
- Пользуйтесь благовониями, чтобы хорошо пахнуть
- Подстригайте ногти, убирайте волосы в области лобка и подмышек
- Мойте руки до и после еды. Не прикасайтесь к пище после пробуждения до тех пор, пока не вымоете руки

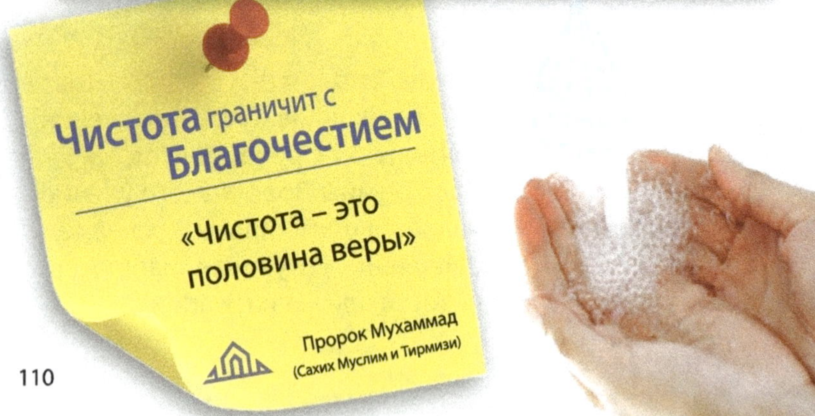

Гигиена полости рта

Мисвак (сивак) и гигиена полости рта. Чистая полость рта и свежее дыхание в течение всего дня

Посланник сказал: «Если бы я не боялся обременить моих последователей, то велел бы использовать сивак перед каждой молитвой (т.е. пять раз в день)» (Передано Аль-Бухари, Муслим)

Что такое мисвак?

Мисвак (сивак) - щетка для чистки зубов, сделанная из веток и корней дерева арак (Сальвадора персидская), при разжёвывании которых волокна разделяются и превращаются в кисточку.

Химический анализ мисвака показывает, что он содержит много полезных минералов и элементов, таких как большое количество фторидов, диоксид кремния, витамин С и небольшое количество хлоридов, дубильных веществ, сапонинов, флавоноидов и стеринов.

Примечание: Согласно аналитическому исследованию, мисвак помогает бороться с зубным камнем и кровоточивостью десен. Палочка мисвака выпускает свежий сок, который действует как абразивный материал для удаления пятен. Мисвак очищает зубы мягко, эффективно и отбеливает их без вреда для эмали и десен. Содержание хлорида помогает удалить налет, пятна и зубной камень, витамин С способствует заживлению. Считается, что экстракт мисвака помогает при борьбе с головной болью, простудой, тошнотой, напряжением и головокружением.

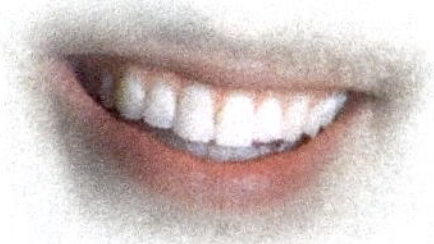

Улучшение жизни посредством знания:

Мухаммад принес Послание света и руководства, которое способствовало научному продвижению и развитию цивилизации. Божье Откровение началось со слова **«Читай!»**. В течение десятилетий, оно произвело революцию в области знания и всех видов наук, как на Аравийском полуострове, так и во всём мире.

Слова: читай, думай, учись, наблюдай, изучай, понимай, размышляй, созерцай и смотри часто упоминаются в Священном Коране.

«Воистину, в сотворении небес и земли, а также в смене ночи и дня заключены знамения для обладающих разумом, которые поминают Аллаха стоя, сидя и на боку и размышляют о сотворении небес и земли: «Господь наш! Ты не сотворил это понапрасну. Пречист Ты! Защити же нас от мучений в Огне».

Священный Коран 3:190-191

«На земле есть знамения для людей убежденных, а также в вас самих. Неужели вы не видите?»

Священный Коран 51:20-21

Пророк призывал людей учиться и искать полезное знание. Он призывал своих сподвижников применять полученные знания на благо общества, а не для нанесения вреда. Он связал это с довольством Божьим, когда сказал:

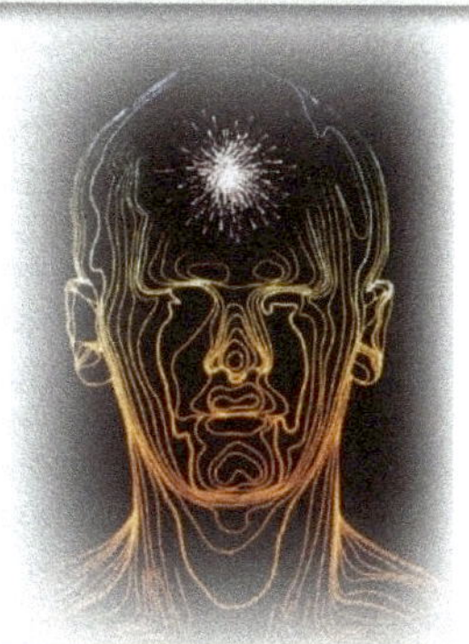

«Кто вышел из дома за знаниями, тому Аллах облегчает путь в Рай»

Передано Тирмизи

На протяжении многих веков мусульманские ученые занимали ведущие позиции в теоретической и прикладной науках. Арабский, – язык Священного Корана, стал языком наук, преподаваемых в полноценных университетах, выпускающих специалистов в области химии, математики, исчисления, а также в области медицины, астрономии, географии, техники, искусства и литературы.

Некоторые исследователи признают тот факт, что западная цивилизация опирается, в первую очередь, на достижения исламской цивилизации. Без них, западной цивилизации потребовалось бы, по меньшей мере, 500 лет, чтобы добиться того, что она имеет на сегодняшний день.

Таблица 2: Вклад известных мусульманских учёных в научное развитие

Учёный	Основной вклад
Гебер Отец химии **721-815 гг.**	**Джабир ибн Хайян** - знаменитый арабский алхимик, врач, фармацевт, математик и астроном. В средневековой Европе был известен под латинизированным именем Geber. Считается «отцом химии». Он первым открыл много кислот, таких как азотная, соляная и серная. Описал многие химические процессы, такие как испарение, сублимация и дистилляция. Описал также различные химические операции (перегонку, возгонку, растворение, кристаллизацию и др.). Описал также некоторые химические препараты (купоросы, квасцы, щёлочи, нашатырь и др.). Изложил способы получения уксусной кислоты, слабого раствора азотной кислоты, свинцовых белил.Историк химии Эрик Джон Холмъярд приписывает Джабиру заслугу в развитии алхимии как экспериментальной науки.
Аль-Хорезо ми Отец алго-ритмов **780-850 гг.**	**Мухаммед ибн Муса Хорезми** - математик, астроном и географ, основатель классической алгебры. Автор десятичной позиционной системы записи чисел. Аль-Хорезми известен, прежде всего, своей «Книгой о восполнении и противопоставлении» («Ал-китаб ал мухтасар фи хисаб ал-джабр ва-л-мукабала»), от названия которой произошло слово «алгебра». Имя автора, в латинизированной форме (Algorismus, Algorithmus), стало обозначать в средневековой Европе всю систему десятичной арифметики; отсюда берёт начало современный термин «алгоритм». В испанском языке слово «guarismo», а в португальском «algarismo» означают «цифра».

Разес Отец Врачей 865-929 гг.	**Абу Бакр Мухаммад ибн Закария ар-Рази** - учёный-энциклопедист, врач, алхимик и философ. Многие сочинения Ар-Рази в дальнейшем были переведены на латинский язык и получили широкую известность и признание среди западноевропейских врачей и алхимиков. В Европе известен под латинизированными именами Разес (Rhazes) и Abubater. Он был первым, кто смог отличить оспу от кори. Он обнаружил многочисленные соединения и химические вещества, включая алкоголь и керосин. Эдвард Гранвиль Браун считает его одним из первых профессиональных врачей. Основные работы Ар-Рази по медицине - книга «Аль-хави» («Всеобъемлющая книга по медицине») и 10-томная «Медицинская книга, посвященная Мансуру» - своеобразные медицинские энциклопедии на арабском языке. Будучи переведёнными на латинский язык, они в течение нескольких столетий служили руководством для врачей. Ар-Рази также составил наставления по сооружению больниц и выбору места для них, написал труды о значении специализации врачей («Один врач не может лечить все болезни»), о медицинской помощи и самопомощи для неимущего населения («Медицина для тех, у кого нет врача») и др.

Авиценна Отец современной медицины **980-1037 гг.**	**Абу Али Хусейн ибн Абдаллах ибн Сина** учёный, философ и врач. Является одним из наиболее выдающихся мусульманских ученых в области медицины и одним из самых известных мусульманских ученых в мире. Всего написал более 450 трудов в 29 областях науки, из которых до нас дошли 274. Основные труды: 1) Энциклопедический труд «Книга исцеления» («Китаб аль-Шифа»), посвящённый логике, физике, биологии, психологии, геометрии, арифметике, музыке, астрономии, а также метафизике. 2) «Канон врачебной науки» («Китаб ал-Канун фи-т-тибб») - сочинение энциклопедического характера, в котором предписания античных медиков осмыслены и переработаны в соответствии с достижениями арабской медицины. В «Каноне» Ибн Сина предположил, что заболевания могут вызываться какими-то мельчайшими существами. Он первый обратил внимание на заразность оспы, определил различие между холерой и чумой, описал проказу, отделив её от других болезней, изучил ряд других заболеваний. «Канон» был переведен на разные языки и являлся стандартным медицинским пособием в Европе на протяжении семи столетий (вплоть до начала XVIII века).

Аль-Джазари 1136-1206 гг.	**Абу аль-Из ибн Исмаил аль-Джазари**. выдающийся механик-изобретатель, математик, астроном. Написал трактат «Китаб фи марифат аль-хиял аль-хандасийя» (Книга знаний об остроумных механических устройствах), где описал конструкцию около 50 механизмов и инструкцию по их созданию. Аль-Джазари известен как изобретатель крупнейших астрономических «замковых часов», которые считаются аналогом первого программируемого компьютера. По словам Дональда Раутледж Хилл, Аль-Джазари описал самые сложные часы. Именно Аль-Джазари изобрёл столь важную механическую деталь как коленчатый вал, который преобразует вращательное движение в поступательное. Кроме того, он сконструировал клапанный насос, водоподъёмную машину и водяные часы.

Авицена

Латинские цифры:

I, II, III, IV, V, VI, VII, VIII, IX, X

Арабские цифры:

1, 2, 3, 4, 5, 6, 7, 8, 9, 10

Улучшение жизни посредством занятия спортом:

Мухаммад призывал своих сподвижников поддерживать физическое здоровье, благодаря различным видам спорта, таким как плавание, стрельба из лука, верховая езда и скачки. Кроме того, вместе со сподвижниками, он участвовал в нескольких соревнованиях по бегу. Передаётся, что Мухаммад имел обыкновение соревноваться в беге со своей женой Аишей. Один раз она выиграла гонку, в другой раз выиграл Пророк. Подобная деятельность отражает взаимную любовь и гармонию между супругами.

Мухаммад отвёл специальный участок для проведения гонок с западной стороны мечети Набави в Медине. На этом же участке проводились и скачки. Рядом с гоночным полем была построена мечеть.

Общественные Ценности
Улучшение жизни людей

Мораль и ценности

Мухаммад призывал людей любить друг друга

Пророк сказал: «Вы не войдёте в Рай, пока не уверуете [в полной мере], а не уверуете вы до тех пор, пока не станете любить друг друга, так не указать ли мне вам на то, что приведёт вас к взаимной любви, если вы будете делать это? Распространяйте приветствия между собой!»

Он также сказал: «Не уверует никто из вас по-настоящему до тех пор, пока не станет желать брату своему того же, чего желает себе самому».

«Тот, кто помогает мусульманину преодолеть трудности в жизни, тому Аллах поможет избежать страдания в День Суда». «Аллах помогает своим слугам до тех пор, пока они помогают своим братьям и сестрам по вере».[1]

«Улыбка при встрече со своим братом - это садака (милостыня)»

Пророк Мухаммад

Приветствие людей посланием мира: Мухаммад сказал: «Не пренебрегай добрым делом, даже если это улыбка мусульманину при встрече»[2]. И он сказал: «Самым близким Аллаху и Его Посланнику является тот, кто приветствует при встрече первым»[3]. «Предлагайте людям пищу и приветствуйте тех, кого знаете и тех, кого не знаете»[4].

Мухаммад приветствовал людей сердечно: Согласно

достоверным повествованиям, Мухаммад с открытым лицом приветствовал людей, а при рукопожатии никогда первым не отпускал руку.

Мухаммад обладал чувством юмора: Он был веселым и оптимистичным человеком. Люди, имевшие с ним дело, описывали его как приятного человека, располагающего к себе, но в то же время почитаемого и уважаемого. В ряде случаев он шутил со своими друзьями и членами семьи.

Во времена Мухаммада, для развлечения, люди устраивали беговые гонки. Передаётся, что Мухаммад проводил их с женой и детьми.

Чувство юмора с пожилой женщиной:

Сообщается о том, что однажды пожилая женщина пришла к нему и попросила: «О, Посланник Аллаха! Попроси Аллаха, чтобы Он ввел меня в рай». Пророк сказал ей: «О, мать такого-то человека! В рай не войдут пожилые!». Женщина запуталась, полагая, что никогда не попадет в рай. Тогда Пророк разъяснил ей смысл своих слов, сказав ей, что старые люди не войдут в рай, будучи пожилыми, Аллах воссоздаст ее вновь и введет в рай молодой девушкой.

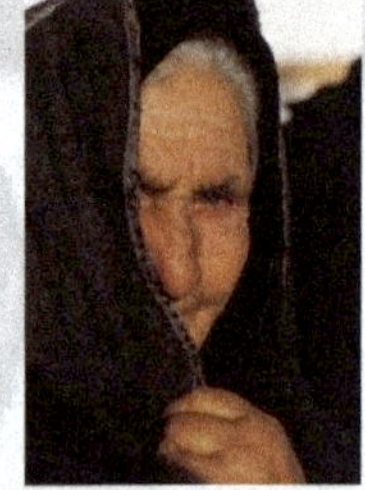

Чувство юмора со сподвижниками: Сухайб, один из первых мусульман, говорил: «Как-то я зашел домой к Пророку Мухаммаду. На его столе были хлеб и финики. Он пригласил меня за стол и предложил финики с хлебом. И я сразу сел за стол и начал есть. А в это время у меня сильно болели глаза. Пророк Мухаммад посмотрел на меня и начал подтрунивать надо мной: "У него глаза болят, а он еще сидит и ест!" Я ему в тон ответил: "Жую той стороной, которая не болит, о, Посланник Аллаха!" Мои слова сильно рассмешили его, и он так смеялся, что были видны его коренные зубы.

Отношение Пророка к детям: Пророк заботился о детях, приветствовал их первым, играл с ними. Пророк Мухаммад, зайдя в дом одного сподвижника, узнал, что у маленького мальчика умерла птичка, и он был сильно опечален из-за этого. Пророк Мухаммад быстро направился к этому мальчику и стал его утешать, чтобы облегчить его печаль. Мальчик обрадовался Пророку Мухаммаду и улыбнулся, забыв о своей печали.[5]

Мухаммад советовал родителям выражать проявления любви к своим детям и быть справедливыми по отношению к каждому из них.

Мухаммад описал отца, который никогда не целовал своего ребенка, как человека, чьё сердце лишено милосердия.

Мухаммад любил своих соседей: У Мухаммада был сосед иудей, который не принимал Ислам и не отличался добротой по отношению к Пророку. Когда он заболел, Мухаммад ходил навестить его, что смягчило его сердце. Кроме того, Мухаммад ходил навещать и заболевшего иудейского мальчика, который работал помощником в доме у Пророка.

Мухаммад придавал особое значение доброму отношению к соседям: Пророк всегда предупреждал своих сподвижников о хорошем отношении к соседям. Пророк говорил: «Ангел Гавриил настолько часто советовал мне хорошо относиться к соседям, что я даже подумал, что, вполне возможно, соседи станут обладать правами на наследство».

Мухаммад упразднил скверное общественное поведение: Он сказал: «Самый любимый мною и самый близкий ко мне в День Господнего Суда будет тот из вас, кто лучший в благочестии». Кроме того, он сказал:

«Не завидуйте друг другу; не испытывайте ненависти по отношению друг к другу; не отворачивайтесь друг от друга, а будьте братьями»[6].

«Верующий не клевещет, не проклинает, и не позволяет себе непристойности и не участвует в глупых беседах»[7].

Запрет высмеивания и клеветы: Мухаммад призывал следовать сказанному в Коране (считается мусульманами как слова Всевышнего, а не как личные слова Мухаммада).

«О те, которые уверовали! Пусть одни люди не насмехаются над другими, ведь может быть, что те лучше них. И пусть одни женщины не насмехаются над другими женщинами, ведь может быть, что те лучше них. Не обижайте самих себя (друг друга) и не называйте друг друга оскорбительными прозвищами. Скверно называться нечестивцем после того, как уверовал. А те, которые не раскаются, окажутся беззаконниками» Священный Коран 49:11

Запрет подозрений, слежки и злословия:

«О те, которые уверовали! Избегайте многих предположений, ибо некоторые предположения являются грехом. Не следите друг за другом и не злословьте за спиной друг друга. Разве понравится кому-либо из вас есть мясо своего покойного брата, если вы чувствуете к этому отвращение? Бойтесь Аллаха! Воистину, Аллах - Принимающий покаяния, Милосердный». Священный Коран 49:12

Запрет передачи ложных новостей:

«О те, которые уверовали! Если нечестивец принесет вам весть, то разузнайте, чтобы не поразить по незнанию невинных людей, а не то вы будете сожалеть о содеянном». Священный Коран 49:6

Улучшение жизни посредством этикета

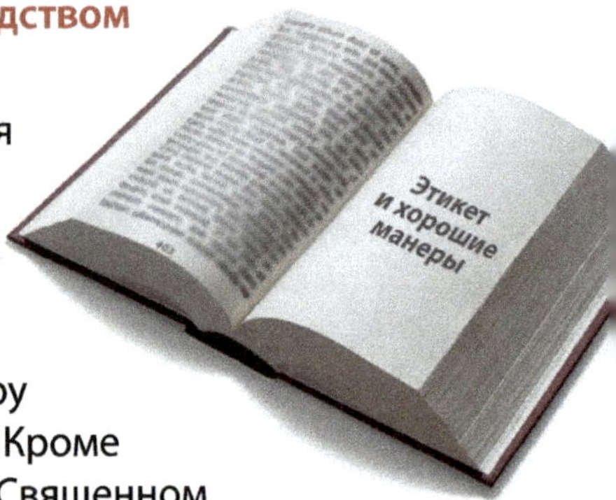

Мухаммад заботился о поведенческом этикете. Он учил своих сподвижников тому, что этикет является частью следования его примеру и образу жизни (Сунна). Кроме того, многие аяты (стихи) в Священном Коране призывают к благому нраву и хорошим манерам. Мухаммад указал, что ангелам досаждает то же, что и человеку (например, громкие голоса, неприятные запахи и т.д.).

Следующие пункты представляют собой обобщённое представление исламского поведенческого этикета:

- Не разговаривайте громко и не ходите кичливо и высокомерно.
- Не задерживайтесь долго при посещении больного человека, дайте ему время для отдыха.
- Необходимо приятно пахнуть при посещении мечети.
- Тот, кто съел чеснок или лук должен избегать посещения мечети, т.к. он может помешать другим людям неприятным запахом или действием (например, отрыжкой).
- Оказывайте помощь и уступайте место в собрании, где найти свободное место очень трудно.

- Называйте других людей именами и прозвищами, которые им нравятся.
- Прикрывайте рукой рот при зевании и благословляйте человека, если он чихнул.
- При разговоре, следует использовать самые лучшие и наиболее приемлемые слова. Хорошее слово является одной из форм благотворительности в Исламе.
- Обходитесь почтительно со своими родителями, не кричите на них, никогда не говорите им плохих слов, даже «уфф» (наименьшее отрицательное слово).
- Дети всегда должны стучать в дверь и просить разрешение войти перед входом в комнату родителей.
- Если вы предлагаете воду другим людям, самому необходимо пить в последнюю очередь (предпочтительное действие).
- Если вы приглашены на обед или ужин, брать еду необходимо из тех блюд, которые находятся ближе к вам, чтобы не раздражать других.
- Не дышите в чашку с водой при питье из неё.

Этикет с женщинами

Опускайте взгляд, не смотрите на проходящих мимо женщин.

Мухаммад сгибал колени перед своей женой Софией, чтобы помочь ей подняться на верблюда.

(Передал Анас бин Малик - Аль-Бухари - 9/20)

Мухаммад уважал мнение других людей:

Всякий раз, когда он давал указание своим сподвижникам, которое воспринималось двумя различными способами, он принимал оба эти способа, при условии, что они достигали необходимой цели в законном порядке.

В битве «Аль-Салясиль», мусульманский предводитель Амр бин аль-Ас был подвергнут критике за то, что руководил молитвой, не выполнив гусл. Мухаммад выслушал его оправдания и принял их. Амр сказал Мухаммаду, что ночь тогда была холодной, и что он мог заболеть, и был бы не в состоянии вести своё войско.

С Пророком было легко иметь дело

Анас бин Малик сказал, что он служил Мухаммаду в течение десяти лет, и он ни разу ему не сказал: «Почему ты сделал это и почему ты не сделал то?»

Мухаммад призывал к совместному совещанию (Шура): Мухаммад всегда советовался со своими сподвижниками и даже с женой. Он завещал своим сподвижникам быть объективными и использовать рациональное мышление, также они имели право участвовать в процессе принятия решений.

Когда мекканские предводители, наряду с другими арабскими племенами, планировали напасть на город Медину, мусульманин персидского происхождения выдвинул предложение вырыть ров с северной стороны Медины.

Подобная стратегия была новой и никогда прежде не применялась в Аравии. Несмотря на это, Мухаммад подверг данную идею рассмотрению, и она была одобрена большинством мусульман. Они вырыли ров 5,5 км в длину и 4,6 м в ширину.

В другой раз (во время битвы при Бадре) обычный человек, не имевший никаких титулов, сказал Мухаммаду: «О, Пророк, если твой выбор для разбития лагеря в этом месте не вдохновлен откровением от Бога, могу ли я предложить, чтобы мы поменяли место?». Человек обосновал своё предложение рядом причин и после совместного совещания, Мухаммад одобрил выдвинутое предложение, также как и большинство мусульман; посему они изменили место расположения лагеря.

Слово «Мухаммад» на арабском языке, изображено художественным методом. Предоставлено художником Фаридом аль-Али

Уважение людей другой веры: Мухаммад призывал сподвижников быть доброжелательными и откровенными с людьми других религий, сохраняя при этом личностную стойкость и ясное понимание своей собственной веры. В ряде случаев Мухаммад проявлял высокое уважение к людям, независимо от их вероубеждения. Передаётся, что он встал, проявляя тем самым уважение, когда мимо него и сподвижников проносили гроб иудея. Сподвижники спросили, почему он так поступил, на что он ответил: «Он является человеком» (независимо от его расы, веры и социального происхождения).

Межконфессиональный диалог и мирное сосуществование с людьми других вероисповеданий: Межконфессиональный диалог можно определить как двухстороннюю связь или дискуссию между людьми разных рели гиозных конфессий и традиций, целью которого является достижение положительных результатов, таких как: переход от предрассудков, замешательства и враждебности к пониманию, осведомленности и толерантному отношению.

Межконфес-сиональный диалог

Верховный муфтий Боснии и Герцеговины Мустафа Серик и Епископ католической епархии Паррамата Кевин Маннинг. Сидней, Австралия 2007

В 632 году, Мухаммад принимал в своей мечети в городе Медина христианскую делегацию, прибывшую из Наджран (в Йемене), чтобы узнать об Исламе и обсудить различия между Исламом и Христианством.

На основе коранических учений, Мухаммад установил руководящие принципы и этикет диалога и обсуждений, которые подчеркивают важность уважения, мудрости, взаимопонимания и доброты. Он прочёл следующие аяты (стихи) из Священного Корана:

«Призывай на путь Господа мудростью и добрым увещеванием и веди спор с ними наилучшим образом. Воистину, твой Господь лучше знает тех, кто сошел с Его пути, и лучше знает тех, кто следует прямым путем».

Священный Коран 16:125

«Если вступаете в спор с людьми Писания, то ведите его наилучшим образом. Это не относится к тем из них, которые поступают несправедливо. Скажите: «Мы уверовали в то, что ниспослано нам, и то, что ниспослано вам. Наш Бог и ваш Бог - один, и мы покоряемся только Ему»».

Священный Коран 29:46

Мечеть Умара и церковь «гроба Господня» в Иерусалиме:

Отличный пример религиозной терпимости существует уже много веков в старом городе Иерусалима.

Началом тому было время, когда второй мусульманский правитель исламского государства Халиф Умар ибн Аль-Хаттаб мирно, без пролития даже капли крови овладел Иерусалимом (638г.).

Патриарх Софроний пригласил Умара для молитвы в церкви «гроба Господня». Эта церковь также известна как

церковь «воскресения». Для христиан это самое святое место в мире. Оно охватывает Голгофу, где, согласно христианскому вероубеждению, был распят Иисус, и могилу (гроб), где он был похоронен. Начиная с 4-го века это место было важным центром паломничества.

Умар отказался молиться в церкви, сказав: **«Если я помолюсь в церкви, то мусульмане будут считать её мечетью».**

Вместо этого, Умар помолился на некотором расстоянии от церкви. Его поступок подтвердил мирное сосуществование Ислама и других религий. Он подтвердил свободу вероисповедания для немусульман, находящихся под властью исламского государства.

На том месте, где Умар молился, была построена мечеть (позже названная «Мечеть Умара»). Халиф Умар поручил опеку над церковью «гроба Господня» Убаде Ибн Аль-Самиту, сподвижнику пророка Мухаммада, который стал первым мусульманским судьей в Иерусалиме. Убада умер в 658г. и был похоронен во «Вратах милосердия» - кладбище, расположенном в южном углу стены, ограждающей Святилище на Храмовой горе в Иерусалиме. Святилище включает в себя Купол Скалы и Мечеть Аль-Акса.

Могила Убады Ибн Аль-Самита в Иерусалиме.

Договор Умара

Халиф Умар ибн аль-Хаттаб заключил с жителями Иерусалима договор, в котором гарантировал безопасность их храмов и имущества. Он был известен как "Договор Умара". Он был вмонтирован в стену мечети много веков назад и находится там до сих пор.

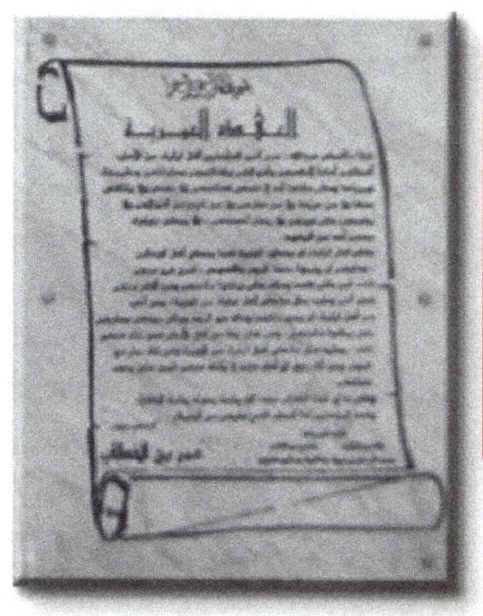

«Договор Умара»

С именем Аллаха Милостивого, Милосердного

«Это гарантия безопасности раба Аллаха, Умара, повелителя правоверных, жителям Иерусалима… Гарантия безопасности им самим, их имуществу, их храмам и крестам, больным, исцелившимся, и остальным людям… Их храмы не будут заняты и не будут разрушены, и не будет отнято ничего ни из их владений, ни из крестов, ни из имущества (храмов). Христиан не станут презирать за их религию, и ни одному из них не будет причинен вред. Жителям Иерусалима надлежит платить джизью (налог) подобно тому, как ее выплачивают жители других городов».

Торговая и деловая этика

Мухаммад призывал к торговле и коммерции, основанных на благородных исламских ценностях, осуждающих мошенничество, обман, жульничество, монополию и эксплуатацию.

Мухаммад сказал: «Тот, кто лжет - не из нас» (т.е. не из числа праведных верующих). (Передал Муслим). Также он сказал: «Бог дарует Свою милость человеку, который умерен когда он покупает, умерен, когда он продает и умерен, когда он испрашивает свои права».
(Аль-Бухари, 2076/16)

Ложь или нарушение обещания - это лицемерие:

Мухаммад сказал:

«Истинным лицемером является тот, кто объединил в себе четыре качества, а тот, кто содержит в себе хотя бы одно из них, тот содержит в себе одно качество лицемерия, пока не избавится от этого качества:

❶ предает, когда ему доверяются,

❷ и лжет, когда о чем-либо рассказывает,

❸ и поступает вероломно, когда заключает договор с кем-либо,

❹ и переходит все границы, когда с кем-либо ссорится».

Рынки в Медине - настоящее время

Свободная Торговая Зона

Вскоре после прибытия в Медину, Мухаммад поручил своим сподвижникам купить участок земли и использовать его в качестве места для свободной торговли. Там люди могли покупать и продавать без уплаты пошлин или пользовательских сборов. Это место было названо «Манаха».

«Манаха» означает место, где садятся верблюды, с тем, чтобы перевозимые на их спинах товары и грузы можно было разгрузить.

Следующий снимок изображает стены, окружающие землю, которую Пророк выделил для торговли 14 веков назад.

Мечеть Султана Кабуса или Маскатская соборная мечеть - главная действующая мечеть Маската, Оман. Пример исламской архитектуры отражен в обшитых деревом потолках, арках и настенных украшениях.

ССЫЛКИ

1 Рияд аль-Салихин (183/3), (245/2), Сахих Аль-Бухари (13)

2 Рияд аль-Салихин (121/5)

3 Рияд аль-Салихин (858/2)

4 Сахих Аль-Бухари (11)

5 Рияд аль-Салихин (862/1), Сахих Аль-Бухари (598/10)

6 Рияд аль-Салихин (1591/1), Сахих Аль-Бухари (6065)

7 Рияд аль-Салихин (1734/1) (1738/3)

Купол Скалы в Иерусалиме. Фотографии сделаны профессиональным фотографом Питером Сандерсом.

Глава

6

Женщины

Голубая мечеть, Стамбул, Турция

Мухаммад предоставил женщинам их права

До прихода ислама, женщины не имели гражданских прав. Арабы отдавали предпочтение младенцам мужского пола до такой степени, что многие отцы хоронили новорождённых девочек живьём.

Нет дискриминации по половому признаку: Мухаммад осуждал дискриминацию между новорождёнными, – будь то мальчик или девочка. Пророк призывал своих сподвижников любить своих детей и воспитывать их правильно, независимо от пола. Пророк указал на то, что воспитанию девочек необходимо уделять больше внимания до тех пор, пока они не вырастут и выйдут замуж. Мухаммад сказал:

> «Женщины являются половинками мужчин»[1]

Женщины наследуют, как и мужчины: До ислама женщины не имели права наследования. Мухаммад искоренил подобный обычай. Женщины получили право наследования, как и мужчины. Однако исламская система наследования не была создана Пророком, он лишь передавал Божьи слова (хранимые в Священном Коране), которые предусматривают распределение частей наследства для каждого индивидуума (мужчины и женщины).

Слово «Мухаммад» - арабская каллиграфия. Буквы М и Х (которые образуют первую половину слова «Мухаммад», симметричны буквам М и Д (которые образуют вторую половину слова «Мухаммад» на арабском языке).

Женщины имеют уникальную индивидуальность: Жена не рассматривается как часть собственности мужа. Она имеет уникальную идентичность. Когда женщина выходит замуж, ей не нужно менять свою фамилию. Ее индивидуальность сохраняется, а ее богатство и собственность охраняются в соответствии с исламским законом. Когда ее муж умирает, она рассматривается как один из наследников, а не как собственность, которая передается по наследству родственникам мужа, как это было до Ислама. (До ислама, женщины рассматривались как движимое имущество).

Женщина не объект плотских утех: Проституция и прелюбодеяние строго запрещена в Исламе. Пророк говорил, что во время совершения блуда или прелюбодеяния человек не находится в состоянии «имана» (веры) (т. е. вера в Бога еще не укрепилась в его / ее сердце, поэтому человек не чувствует вины или страха перед Богом, когда совершает прелюбодеяние).

«Не приближайтесь к прелюбодеянию, ибо оно является мерзостью и скверным путем».

Священный Коран 17:32

Согласно Исламу, ношение платка и скромной одежды является обязательным предписанием для всех взрослых женщин и девушек, достигших половой зрелости. Кроме того, исламское учение запрещает женщине выставлять красоту своего тела на всеобщее обозрение.

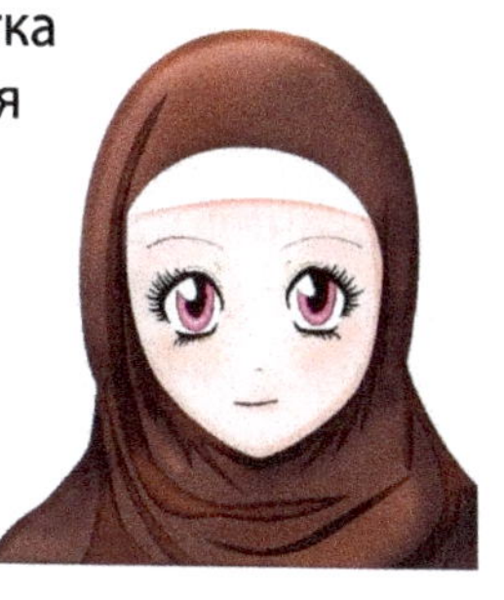

Компании, рекламные ролики и объявления, использующие в своей деятельности публичное выставление женской красоты, недопустимы в Исламе.. Исламское учение перекрывает все пути, приводящие к таким последствиям, как: сексуальное домогательство, изнасилование, болезни передающиеся половым путём, развращённость нравов, нагота и порнография.

Женитесь!

Внебрачные связи

Мухаммад призывал людей к тому, чтобы они женились и создавали семьи. Он обучал своих последователей благородным исламским ценностям, запрещающим внебрачные половые связи и дозволяющим супружеские отношения между мужчиной и женщиной.

Однажды один юноша пришел к Пророку и сказал: «О, посланник Аллаха! Разреши мне совершать прелюбодеяние!» Тогда Пророк сказал: «Подойди поближе!» Юноша приблизился к нему и сел, и тогда Пророк спросил: «Желаешь ли ты этого для своей матери?» Он ответил: «Нет». Пророк сказал: «И другие люди тоже не желают этого для своих матерей. Желаешь ли ты этого для своей дочери?» Он ответил: «Нет». Пророк сказал: «И другие люди тоже не желают этого для своих дочерей. Желаешь ли ты этого для своей сестры?» Он ответил: «Нет». Пророк сказал: «И другие люди тоже не желают этого для своих сестер. Желаешь ли ты этого для своей тетки, сестры твоего отца?» Он ответил: «Нет». Пророк сказал: «И другие люди тоже не желают этого для своих теток, сестер своих отцов».

Затем Пророк положил на него свою руку и сказал: «О, Аллах! Прости его грехи, очисть его сердце и даруй ему целомудрие!»

Мухаммад расширил возможности для женщин:
В результате приложенных усилий по расширению возможностей женщин в обществе, Мухаммад выделил определенные дни каждую неделю для образования женщин. Он призывал женщин к участию в исламских мероприятиях, праздниках и молитвах.

Женщины играют важную роль в обществе, поскольку они воспитывают подрастающее поколение, таким образом, они воспитывают целую нацию.

Несмотря на то, что приоритетом женщины всегда считалось воспитание детей и уход за ними, она могла участвовать и в общественной и политической жизни.

Мухаммад призывал к уходу за девочками / дочерями: Мухаммад неоднократно подчеркивал необходимость хорошего отношения к женщинам; он описал их «хрупкими, как хрустальные шкатулки». Он поведал своим сподвижникам о том, что человек, который поднимет на ноги и воспитает своих дочерей должным образом, и будет повиноваться Богу в уходе за ними, направляя их к вере, войдёт в Рай.

Женщины

Мухаммад призывал к уважению матерей: Однажды к Посланнику пришел один человек и спросил: «О, Посланник Аллаха, к кому из людей я должен относиться лучше всего?» Посланник ответил: «К матери». Человек снова спросил: «А затем к кому?» Посланник ответил: «К матери». Человек задал тот же вопрос снова, и Посланник в третий раз ответил: «К матери». Человек еще раз спросил: «А затем к кому?» Посланник ответил: «К отцу»[2].

Ученые прокомментировали вышеприведённую историю, и сказали, что матери не могут избежать трёх основных страданий: 1) беременность, 2) роды, 3) и, наконец, грудное вскармливание и отлучение от груди.

Мухаммад призывал к хорошему отношению к жёнам: Он сказал, что если мужчина не доволен одной из черт женщины, то он будет доволен другой чертой. И он сказал:

«Наиболее совершенной верой обладает тот из верующих, кто отличается наилучшим нравом, а лучшими из вас являются те, кто лучше всех относится к своим женам».

Это способствует процветанию любви, гармонии и взаимопонимания в семье.

С другой стороны, Мухаммад не поощрял разводы; он отметил:

«Из всех разрешенных деяний самым ненавистным Аллаху является развод».

Женщины

В случае если развод неизбежен, он должен произойти в рамках хороших отношений и мягкости[3].

Мухаммад любил свою жену: Через несколько лет после того, как скончалась его первая жена Хадиджа, Мухаммад женился на Аише, дочери его ближайшего друга Абу-Бакра. Несмотря на преданность покойной жене, Пророк любил Аишу и был честен с ней. Однажды сподвижник Амр бин Аль-Ас спросил Пророка, кто для него был наиболее любимым человеком. Пророк без колебания ответил: «Аиша».

Выражение своей любви по отношению к жене: Аиша передает, что Мухаммад описал свою любовь к ней, как узел, прочно завязанный на веревке. Время от времени Аиша задавала Пророку вопрос: «Как узел?» и Мухаммад говорил: «Узел по-прежнему завязан так же крепко, как и раньше».

Мухаммад проявлял образцовую лояльность к своей покойной жене

Верный супруг

Каждый раз, когда Аиша готовила мясо, Мухаммад просил её посылать часть еды друзьям его покойной жены Хадиджи. Мухаммад говорил, что во времена, когда жила Хадиджа, не было никого лучше неё. Она поверила ему, когда он впервые получил откровение Бога, в то время как многие люди не поверили ему (некоторые из его дядей и родственников). Она поддерживала его без каких-либо колебаний.

Мухаммад был справедливым и верным мужем.

Это слово "Мухаммад" на арабском составлено в интересном стиле в виде цветка. Предоставлено художником Фаридом Аль Али.

Мухаммад и многоженство

Мухаммад не был первым, кто ввёл многоженство

На самом деле полигамия существовала задолго до Ислама и существовала она без каких-либо количественных ограничений. Распространённой и общепринятой была практика наличия у человека более чем одной жены[4].

Известно, что пророк Авраам был женат на Саре - матери Исаака, и Агарь - матери Измаила. Кроме того, передаётся, что у Иакова было четыре женщины - две жены и две наложницы[5] (Бытие 32:22-24).

25 лет в браке с одной женщиной

Мухаммад прожил большую часть своей жизни в браке с одной женщиной: Он был женат на Хадидже в течение почти 25 лет, и был отцом 4 девочек и 2 мальчиков. Оба его сына умерли в детстве.

После смерти Хадиджи, Мухаммад женился на бедной старой вдове, которую звали Сауда. Ее муж скончался после возвращения из Абиссинии, страны, куда Мухаммад послал некоторых из своих сотоварищей в поисках убежища.

Его брак с Саудой стал своего рода поддержкой для этой женщины. Мухаммаду было почти 50 лет, когда он женился на Сауде, которая была старше него.

Мухаммад женился на дочери своего ближайшего сподвижника Абу-Бакра: Несколько лет спустя, Мухаммад женился на Аише, дочери своего ближайшего друга и сподвижника Абу-Бакра. Заключение этого брака было честью для Абу-Бакра и Аиши.

Мухаммад женился на дочери своего второго ближайшего сподвижника Умара: Два года спустя, Хафса, дочь его второго ближайшего сподвижника Умара, потеряла мужа в битве при Ухуде и стала вдовой. Умару было предпочтительно то, чтобы его дочь вышла замуж за кого-нибудь из его близких друзей, но никто к ней не сватался. Тогда Мухаммад взял на себя инициативу и сделал ей предложение. Брак был честью и поддержкой для Умара и его дочери Хафсы.

Мухаммад женился на вдове-мусульманке, которая была дочерью его врага: Рамла была известна как «Ум Хабиба». Она была дочерью самого высокопоставленного человека в Мекке (Абу-Суфьяна). Несмотря на то, что Абу-Суфьян не верил Мухаммаду и сражался с ним в течение 20 лет, его дочь приняла Ислам.

Она была одной из первых мусульман, переселившихся в Абиссинию вместе с мужем и жила там, в течение почти 15 лет. Ее муж обратился в Христианство и скончался.

Она осталась одна в Абиссинии, после чего Мухаммад сделал ей предложение. Она приняла предложение и вышла замуж за Пророка. Спустя год, ее отец, Абу-Суфьян, принял Ислам.

Мухаммад женился на Софии, женщине из иудейского племени: Бани аль-Надир было одним из иудейских племен, которые предали Мухаммада и строили против него козни. После осады в городе Хайбар, они сдались. София, дочь одного из предводителей племени, была среди тех, кто был захвачен в плен. Мухаммад отпустил ее и сделал ей предложение. София приняла предложение, и они поженились.

Мухаммад доказал всем людям, что он ничего не имеет против иудейской общины; но агрессоры, независимо от их расы или веры, должны быть остановлены.

Даже после кончины Мухаммада, София описывала его как любящего и справедливого мужа.

Женщины

Мария из Египта:

В том же году, Мухаммад послал гонца к правителю Египта, который был христианином, призывая его принять послание Ислама. Правитель Египта ответил вежливым извинением и послал Мухаммаду некоторые подарки, а также врача и служанку, которую звали Мария.

Мухаммад принял подарки египетского правителя. Он женился на Марии, а позднее она родила мальчика, которого назвали Ибрахим. Ибрахим умер, будучи ма леньким мальчиком, и Мухаммад очень сожалел о его потере[6].

Мухаммад передал повеление Бога, которое урегулировало полигамию: Ислам не запретил многоженство, но ограничил и урегулировал его. В Исламе не является обязательным иметь более одной жены, но это допустимо. Мужчина может жениться на второй жене, если он сможет проявлять глубокое уважение, справедливость и беспристрастность по отношению к своим жёнам. *«…женитесь на других женщинах, которые нравятся вам: на двух, трех, четырех. Если же вы боитесь, что не будете одинаково справедливы к ним, то довольствуйтесь одной… Это ближе к тому, чтобы избежать несправедливости».* (Священный Коран 4:3)

Слово Божье

Если не можете быть справедливыми – женитесь на одной

До этого откровения, мужчины могли иметь несколько десятков жен без каких-либо ограничений или условий.

Ограничения для Пророка: До ниспослания этого откровения Пророк был женат на более чем четырёх женах. Быть женами «Посланника Бога» было большой честью для них, помимо этого они считаются «матерями правоверных». Господь открыл в Священном Коране, что жены Мухаммада являлись дозволенными ему. Тем не менее, он больше не мог жениться, даже если бы развелся с какой-либо из своих жен[7].

Ограничения для жен пророка Мухаммада:

Мусульманам не разрешалось жениться на женах Пророка после его кончины, потому что они были подобны их матерям.

В Священном Коране, Бог описал жен Пророка отличными от других женщин (они рассматриваются как образец для подражания и как матери правоверных).

«О, жены Пророка! Если кто из вас совершит явную мерзость, то ее мучения будут удвоены. Это для Аллаха легко. А ту из вас, которая будет покорна Аллаху и Его Посланнику и будет поступать праведно, Мы одарим двойным вознаграждением, и Мы приготовили для нее щедрый удел». (Священный Коран 33:30-31)

Жены Мухаммада имели свободу выбора:

««О, Пророк! Скажи своим женам: «Если вы желаете мирской жизни и ее украшений, то придите, и я наделю вас благами и отпущу красиво. Но если вы желаете Аллаха, Его Посланника и Последней жизни, то Аллах приготовил творящим добро среди вас великую награду». *(Священный Коран 33:28-29)*

Все жены выбрали второй вариант, и все они остались замужем за Пророком. После кончины Мухаммада, ни одна из его жён не вышла замуж повторно.

ССЫЛКИ

1 Передано Тирмизи. Согласно другому повествованию, Мухаммад указал, что тот, у кого была одна, две или три дочери, и он должным образом ухаживал за ними (пока они не стали независимыми), попадет в рай Божий.

2 В Священном Коране во многих местах подчеркивается то, что человек должен хорошо относиться к обоим родителям (например, Священный Коран 17:23).

3 См. Священный Коран 2:229

4 Касательно полигамии в других религиях, то ранее не существовало никаких ограничения даже в Индуизме. И только в 1954 году, был принят закон, согласно которому стало незаконным для индуса иметь более одной жены. В настоящее время именно индийский закон, а не Священные Писания Индуизма, ограничивает человека наличием лишь одной жены.

5 Для более подробной информации о семье Иакова, см. Бытие 32:22-24.

6 Мухаммад был настолько опечален потерей сына, что даже плакал перед своими сподвижниками. Будучи отцом, он не мог сдержать слез. Но Мухаммад поведал своим сподвижникам, что говорить он будет лишь то, что угодно Богу, т.к. верующий должен принимать Божье предопределение.

7 Касательно жён Пророка см. Священный Коран 33: 50, 51,52.

Глава

7

Права Человека

О люди! Воистину, Мы создали вас из мужчины и женщины и сделали вас народами и племенами, чтобы вы узнавали друг друга, и самый почитаемый перед Аллахом среди вас - наиболее богобоязненный. Воистину, Аллах - Знающий, Ведающий.

Священный Коран 49:13

Свобода, Справедливость и Защита

«Нет принуждения» - одно из важнейших правил в Исламе: Мухаммад объявил себя Посланником Бога. Он получил Божье Послание и донёс его до людей. Тем не менее, насильно он никого и никогда не заставлял и не принуждал принимать Ислам. Он донёс Священный Коран, который подтверждает, что нет принуждения в религии.

«Если бы твой Господь пожелал, то уверовали бы все, кто на земле. Разве ты стал бы принуждать людей обратиться в верующих?» Священный Коран 10:99

«Нет принуждения в религии. Прямой путь уже отличился от заблуждения. Кто не верует в тагута, а верует в Аллаха, тот ухватился за самую надежную рукоять, которая никогда не сломается. Аллах - Слышащий, Знающий». Священный Коран 2:256

Равенство всех рас: В Исламе все люди считаются равными перед законом по причине их принадлежности к человеческой расе. Бог сотворил людей равными, и они отличаются друг от друга лишь силой своей веры и благочестием. Мухаммад сказал:

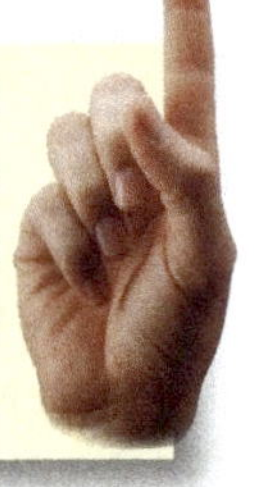

«О люди! У вас один Бог и один прародитель (Адам). Араб ничем не лучше неараба, а неараб ничем не лучше араба. Белый ничем не превосходит черного, а черный ничем не превосходит белого, кроме как в благочестии»[1].

Мухаммад призывал к освобождению рабов и ввёл предписания по ликвидации рабства:

Рабство существовало до времён Мухаммада. В действительности, оно было частью многих социальных систем мира того времени. Рабы рассматривались как имущество и часть материальных ценностей. Так как Ислам поощряет освобождение рабов, рабство в исламском обществе постепенно было изжито.

Покаяние, следовавшее за нарушением некоторых исламских принципов, требовало освобождения рабов, или покупки раба с последующим его освобождением. Кроме того, плохое обращение или наказание раба без веской причины предусматривало необходимость освобождения такого раба, что являлось одним из условий покаяния[2]. Это продолжалось до тех пор, пока рабство не изжило себя.

Мухаммад призвал верующих освобождать рабов ради довольства Господа. Один раз Мухаммад увидел как человек по имени Абу Масуд аль-Бадри бил плетью раба. Мухаммад сказал ему:

«О, Абу Масуд! Знай, что могущество Аллаха гораздо сильнее, чем та сила, с которой ты избиваешь своего слугу!» После этого Абу Масуд сказал: «О, Посланник Аллаха! Ради Аллаха я освобождаю этого раба!» Пророк сказал: «Если бы ты так не поступил, то тебя обязательно окутал бы адский огонь!»[3].

Охрана и безопасность людей: Обращаясь к более чем 100 тысячам человек, Мухаммад сказал в своей последней проповеди:

«Знайте, что каждый мусульманин – брат мусульманину, и что мусульмане составляют единое братство. Ничто, принадлежащее мусульманину, не будет законно другому мусульманину, если оно не отдавалось свободно и с желанием.

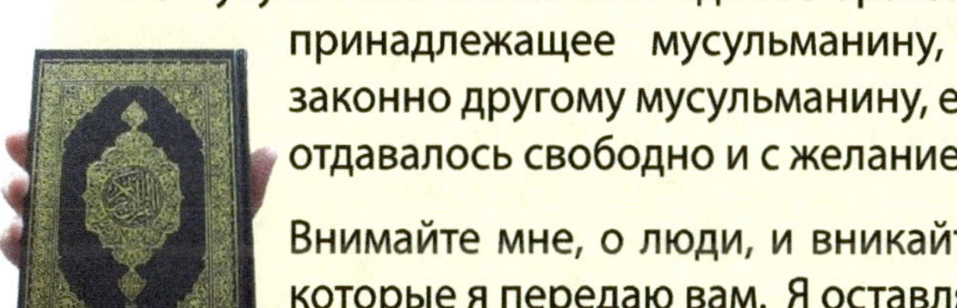

Внимайте мне, о люди, и вникайте в слова, которые я передаю вам. Я оставляю вам две вещи – Коран и мой пример (Сунну), и если вы последуете им, то никогда не собьётесь. О Аллах, будь моим свидетелем, что я передал Твоё сообщение Твоему народу!»

Все люди стоят на равных перед законом: Мухаммад подчеркнул, что все люди должны соблюдать закон, тогда как преступники должны быть наказаны независимо от их социального статуса. Если закон применяется справедливо, то все люди находятся в безопасности.

Например, кража и грабеж являются покушением на имущество человека. Нарушители должны быть наказаны независимо от их расы и социального положения. Мухаммад указал, что никто не стоит выше закона, даже его родственники. Он сказал, что накажет в соответствии с законом даже свою любимую дочь (Фатиму), если она что-либо украдёт[4].

Справедливый суд: Однажды араб по имени Тоъма сын Убайрика украл металлический щит, который был частью комплекта военного обмундирования, и спрятал его в доме своего друга иудея. Иудея обвинили в краже щита, он начал отрицать, и обвинение упало на Тоъму. Не было точно известно кто же виновен(в краже), многие арабы-мусульмане симпатизировали Тоъме (т.е. были на его стороне) и попытались повлиять на мнение Мухаммада, чтобы обвинение пало на иудея, но только исламская справедливость взяла верх. Тоъма был обвинен (в краже), а с иудея сняли обвинение. В этом контексте, коранический стих раскрывает то, что в Священном Коране подтверждается справедливость:

«Мы ниспослали тебе Писание истинно, чтобы ты разбирал тяжбы между людьми так, как тебе показал Аллах. Посему не препирайся за изменников».

Священный Коран 4:105

Права и обязанности женщины

Мухаммад сказал в своей последней проповеди:

«О люди! Бойтесь Аллаха в отношениях с женщинами. Воистину, вы берете их под покровительство Аллаха и они законны для вас, согласно слову Аллаха! Истинно говорю вам – у вас есть права по отношению к вашим женщинам, и ваши женщины имеют права по отношению к вам. Одевайте и кормите их по возможности. Вот говорю я вам, руководите вашими женами, но делайте это по-доброму».

Защита прав сирот

Мухаммад передал Божьи постановления относительно сирот. Священный Коран велит мусульманам защищать права сирот и относиться к ним с добротой и справедливостью.

«Воистину, те, которые несправедливо пожирают имущество сирот, наполняют свои животы Огнем и будут гореть в Пламени»

Священный Коран 4:10

Забота о сиротах

Пророк Мухаммад сказал:

«Я и попечитель сироты будут в Раю так же близки, как эти два пальца»[5]. (сомкнув средний и указательный палец своей руки).

Возвращение вверенного на хранение имущества его владельцам : К Посланнику однажды принесли

одного умершего мусульманина, чтобы он совершил над ним молитву, и Пророк сказал: «Были ли у него долги?» Сподвижники сказали: «Да». Пророк спросил: «Вы их выплатите?» Они сказали: «Да, выплатим». После этого Пророк совершил над ним молитву.

> *«Воистину, Аллах велит вам возвращать вверенное на хранение имущество его владельцам и судить по справедливости, когда вы судите среди людей. Как прекрасно то, чем увещевает вас Аллах! Воистину, Аллах - Слышащий, Видящий».* Священный Коран 4:58

Защита прав наследников

Согласно исламскому праву, когда кто-то умирает, его ближайшие члены семьи имеют право на получение предусмотренной части наследства (богатства и имущества умершего). Ислам не позволяет человеку выделять в завещании более одной трети имущества на благотворительность. Это позволяет защитить права наследников и обеспечить справедливое распределение наследства между ними.

Сообщается, что один сподвижник сказал: Когда в год прощального паломничества я тяжело заболел, а Посланник пришел навестить меня, я сказал: «Поистине ты видишь, до какой крайности довела меня эта болезнь! Я богат, а наследников, кроме дочери, у меня нет, так не раздать ли мне две трети своих денег бедным?» Он сказал: «Нет». Я спросил: «А половину?» Он сказал: «Нет». Я спросил: «А треть?» Он сказал: «Треть, но и трети будет много, ведь, поистине, тебе лучше оставить своих наследников богатыми, чем лишенными средств и вынужденными просить у людей!»

В Исламе нет места ростовщичеству (лихоимству)

Мухаммад сказал: «Бог запретил вам ростовщичество, поэтому всякое ростовщичество отменено. Ваше имущество, тем не менее, принадлежит вам. Не причиняйте несправедливости, и с вами не поступят несправедливо. Господь постановил, что ростовщичества быть не должно».

«Те, которые пожирают лихву, восстанут, как восстает тот, кого сатана поверг своим прикосновением. Это - потому, что они говорили: «Воистину, торговля подобна лихоимству». Но Аллах дозволил торговлю и запретил лихоимство».

Священный Коран 2:275

Слово «Мухаммад» на арабском языке.
Предоставлено художником Фаридом аль-Али

Покушение на честь и кровопролитие запрещено: Мухаммад запретил убийство чести, кровную месть (возмездие) и продолжительную вражду. Мухаммад сказал в своей последней проповеди:

«Полностью упразднена кровная месть времен невежества. И первой отменяется месть за кровь Хариса ибн Абдульмутталиба».

Умышленное и неумышленное убийство: Если произошло непреднамеренное убийство, они имеют право потребовать выкуп за убитого либо простить. Во времена Мухаммада, выкупом была одна сотня верблюдов.

Не убивайте

Сражайтесь только с теми, кто сражается против вас: Бог разрешил мусульманам воевать с врагами, которые нападают на них. Были установлены правила и этика сражения с врагами на поле битвы, а также правила и этика обращения с военнопленными.

Ислам запрещает вероломство, надругательство над телами убитых, запрещает уничтожать деревья, разрушать дома, убивать женщин, детей, стариков, отшельников, уединившихся для поклонения и земледельцев, занятых возделыванием земли.

Не убивайте
Мирное население, женщин, детей и стариков

Не уничтожайте
окружающую среду (деревья и т.п.)

Пророк всегда напоминал своим сподвижникам о том, что Господь не любит преступающих границы дозволенного. Относительно этого есть указания в Коране:

> *«Сражайтесь на пути Аллаха с теми, кто сражается против вас, но не преступайте границы дозволенного. Воистину, Аллах не любит преступников».*
>
> *Священный Коран 2:190*

Самоубийство является одним из тяжелейших грехов: Пророк сказал: «Тот, кто покончит с жизнью, тот окажется в огне ада и будет пребывать там вечно. Кто убьет себя, приняв яд, тот вечно будет держать яд в своей руке, принимая его в огне ада. А тот, кто убьет себя оружием, будет держать это оружие в руке и вечно направлять его на себя в огне ада»[6].

Не убивайте себя

Святость и неприкосновенность человеческой жизни

Так как Бог является творцом жизни и единственным управителем всего происходящего, он владеет жизнью каждого существа. Бог говорит в Священном Коране по поводу первого убийства в истории человечества, когда Каин, сын Адама, убил своего брата Авеля:

«По этой причине Мы предписали сынам Исраила (Израиля): кто убьет человека не за убийство или распространение нечестия на земле, тот словно убил всех людей, а кто сохранит жизнь человеку, тот словно сохранит жизнь всем людям. Наши посланники уже явились к ним с ясными знамениями, но многие из них после этого преступили границы дозволенного на земле»..

Священный Коран 5:32

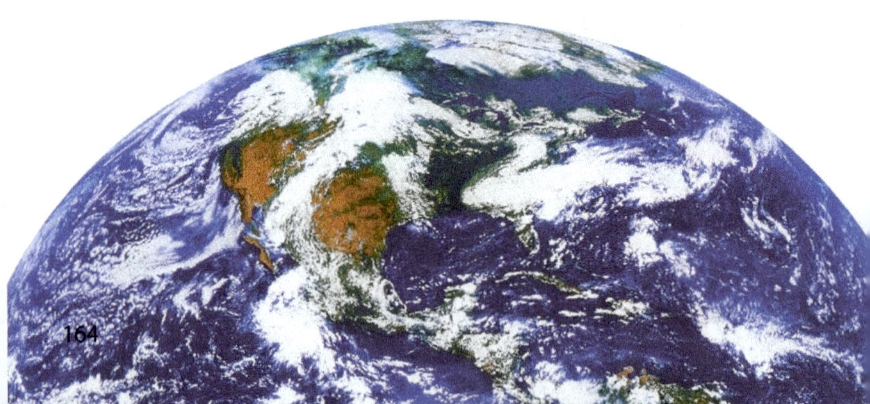

Мухаммад осуждал насилие

Мухаммад никогда не применял насилие как инструмент для передачи послания или навязывания религии. Несмотря на то, что он образовал исламское государство в Медине, он никогда не использовал небольшую мусульманскую общину, оставшуюся в Мекке, для устранения врагов. На самом деле, он попросил своих последователей уважать социальный порядок общества, в котором они живут.

Мухаммад сказал:

> «Поистине, в чем бы ни была доброта (мягкость) она всегда украшает собой это. И что бы ни лишилось доброты (мягкости) оно неизбежно становится порочным».

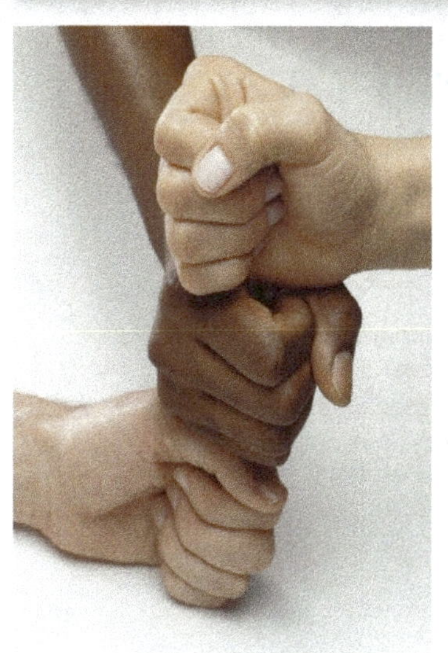

Предоставлено турецким каллиграфом Хасаном Челеби
Всевышний сказал людям:
«Судите по справедливости, когда вы судите среди людей».
Священный Коран 4:58.

Предоставлено египетским каллиграфом Исаамом Абдул Фаттахом
Всевышний сказал людям:
«Ни одна душа не понесет чужого бремени».
Священный Коран 17:15.

ССЫЛКИ

1 Рияд аль-Салихин (1604/5)

2 Рияд аль-Салихин (1603/4), (1605/6)

3 Пророк Мухаммад указал, что в Судный день Бог накажет тех, кто нанимал работников и не платил им заработную плату. Пророк Мухаммад подчеркнул, что заработная плата должна выплачиваться работникам до того момента как высохнет их пот. Заработная плата не может быть задержана и должна быть оплачена сразу же после окончания работы..

4 Более подробная информация об исламском праве и справедливости в исламе находится по адресу: http://www.islamreligion.com/ru/category/110/

5 Сахих Аль-Бухари (34/8)

6 Сахих Аль-Бухари (5778) и Сахих Муслим (109)

Нельсон Мандела, первый чернокожий президент ЮАР, один из самых известных активистов в борьбе за права человека в период существования апартеида, лауреат Нобелевской премии мира 1993.

Художественное оформление слова «Мухаммад» на арабском языке. Предоставлено Фаридом аль-Али.

Глава

8

Окружающая среда

Учения Мухаммада по сохранению окружающей среды

Мухаммад призывал к зеленому миру

Он связал охрану окружающей среды с верой в Бога, Который сотворил всё сущее. Таким образом, верующий в Бога человек не может быть причиной причинения вреда окружающей среде, т.к. она является частью Царства Божьего. Причинение вреда окружающей среде, загрязнение природных ресурсов являются неприемлемыми с точки зрения Ислама.

«Если кто-то посадит дерево или засеет поле, и люди, звери и птицы будут на нем питаться, это будет считаться благодеянием с его стороны»

Пророк Мухаммад

Природные ресурсы находятся в идеальном равновесии Мухаммад учил своих последователей, что все природные ресурсы были созданы Богом и были установлены Им в идеальном равновесии.

> *«Воистину, Мы сотворили каждую вещь согласно предопределению».*
> *«...Всякая вещь у Него имеет меру».*
> *«...Таково творение Аллаха, Который выполнил все в совершенстве. Воистину, Он ведает о том, что вы делаете».*
>
> Священный Коран 54:49, 13:8, 27:88

Люди имеют равные права в распределении природных ресурсов: Природные ресурсы – это Божий дар всему человечеству. Они не должны быть потрачены впустую или монополизированы.

Мухаммад говорил, что у людей есть равные права на доли природных ресурсов (это касается, например, воды, травяных покровов, и т.п., исключение составляет лишь то, что было приватизировано на законных условиях).

Советы

- Не загрязняйте окружающую среду
- Не наносите ущерб окружающей среде
- Не тратьте понапрасну природные ресурсы
- Используйте природные ресурсы эффективно, примите во внимание вторичную переработку использованных материалов.

Фауна и флора являются творением Бога

«Благословен же Аллах, Наилучший из творцов!»

Священный Коран 23:14

«Не навреди» - является основным правилом

Мухаммад установил общее правило для защиты природных ресурсов и сохранения окружающей среды, когда он сказал своим сподвижникам: «Не вредите вы, и не будет причинен вред вам».

"Не вреди и невредимым будешь".

«Вера состоит из семидесяти с лишним частей. Самая главная из них - это слова «Нет Бога, кроме Аллаха», - а самая малая из них - это очищение дороги от предметов, которые мешают людям»[4].

Пророк Мухаммад

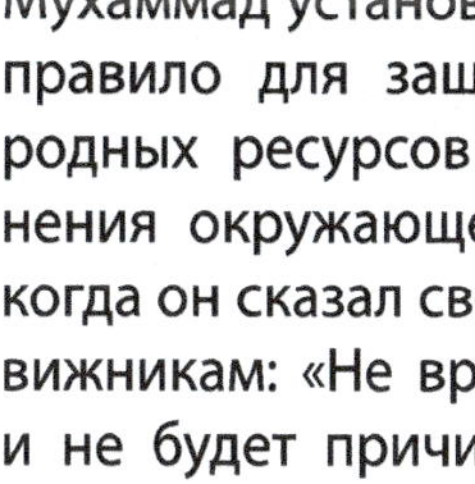

Слово «Мухаммад», арабская каллиграфия Имеет вид зеленой ветви дерева.

Мухаммад подчеркнул необходимость рациональн ного использования воды и осудил её напрасную трату и избыточный расход. Мухаммад сказал сподвижнику, который совершал малое омовение, чтобы он не тратил воду понапрасну, даже если бы он находился возле текущей реки. Иной раз, Мухаммад сообщил своим сподвижникам о недозволенности загрязнять стоячую воду или мочиться в неё. Бог сказал в Священном Коране:

> *«...и сотворили все живое из воды. Неужели они не уверуют?»*
> *«Воистину, расточители - братья дьяволов, а ведь сатана неблагодарен своему Господу».*
> *«Ешьте и пейте, но не расточительствуйте, ибо Он не любит расточительных».*
>
> Священный Коран 21:30, 17:27, 7:31

Улучшение окружающей среды: Мухаммад призвал людей к постоянному улучшению окружающей среды, даже если весь мир рушится, и жизнь на этой планете заканчивается. Он сказал:"

среда

«Если придет Судный день и у тебя на ладони будет росток или семя, ты должен посадить его».

СТОИМОСТЬ

Верующие в Бога люди должны улучшать состояние окружающей среды и заботиться о ней. Господь не любит тех, кто распространяет нечестие на земле и уничтожает посевы и скот.

«Посредством того, что Аллах даровал тебе, стремись к Последней обители, но не забывай о своей доле в этом мире! Твори добро, подобно тому, как Аллах сотворил добро для тебя, и не стремись распространять нечестие на земле, ведь Аллах не любит распространяющих нечестие».

Священный Коран 28:77

среда

Забота о животных

Мухаммад призывал к этичному обращению с животными Он был против удержания животных взаперти без причины. Кроме того, он не поощрял хлестанье, и битьё животного по голове. Он использовал различные методы обучения, чтобы подчеркнуть хорошее отношение к животным.

Животные и все живые существа формируют общины, подобные человеческим

«Все живые существа на земле и птицы, летающие на двух крыльях, являются подобными вам сообществами. Мы ничего не упустили в Писании. А затем они будут собраны к своему Господу»..

Священный Коран 6:38

Понятие «Халяль» означает больше, чем только дозволенное мясо животных: Мухаммад учил своих последователей тому, что они не имеют права забивать животное, если только это не дозволено Богом. Только с разрешения Бога (которому принадлежат все существа), определенные типы животных могут быть забиты для потребления человеком. Забиты могут быть только травоядные животные, за исключением свиней (например, коровы, овцы, курицы и птицы, которые не едят мяса).

Мухаммад учил своих сподвижников, что законный (Халяль) убой животных должен быть совершён быстро, наиболее безболезненным способом: Например, животное не может быть зарезано тупым лезвием (оно должно быть очень острым). Нельзя забивать животное камнями, или рядом с другим животным, видящим процесс убоя. Мухаммад сказал человеку, который резал одно животное на глазах у другого: «Неужели ты хочешь зарезать второе животное два раза?»

Этичное обращение с животными

Один раз, Мухаммад хотел дать наставление человеку относительно хорошего отношения к животным. Он сказал ему, что его верблюд «жаловался», т.к. его загрузили большим весом, чем он был в состоянии унести.

В другой раз, сподвижники Мухаммада забрали птенцов из гнезда одной птицы. Когда Пророк увидел птицу-мать, кружащую в отчаянии, он спросил: «Кто оскорбил чувства этой птицы, забрав её птенцов?» и приказал вернуть их обратно в гнездо.

Вы будете вознаграждены за доброе отношение к животным: Добрый поступок, даже по отношению к животным, заслуживает того, чтобы быть вознагражденным Богом. Пророк рассказал такую историю: «Один человек шел по дороге и почувствовал сильную жажду. Тут он вдруг увидел колодец, залез в него и напился. А когда выбрался наружу, то заметил тяжело дышащую собаку, жующую от жажды землю, и сказал себе: «Эта собака также хочет пить, как хотел и я». Поэтому он вновь спустился в колодец, набрал воды в туфлю, и, держа её во рту, вылез и дал собаке напиться. И Аллах отблагодарил его за этот поступок, простив ему его прошлые прегрешения».

В другой раз, Мухаммад сказал: «Аллах наказал одну женщину за то, что она держала взаперти кошку до тех пор, пока та не умерла от голода»

Глава
9

ЧУДО

"Не измышлен этот Коран, а ниспослан Аллахом. Он является подтверждением того, что было до него, и разъяснением Писания от Господа миров, в котором нет сомнения".

Священный Коран 10:37.

Чудо, ниспосланное Мухаммаду

Многие ученые считают, что миссия Мухаммада, заключенная в передаче Божьего послания людям, была труднее, чем миссии многих посланников и пророков до него. Самым главным чудом, которое Господь даровал Мухаммаду, был Коран. Коран – это Божественное откровение людям, ниспосланное на исконно арабском языке.

Несмотря на сопротивление своего народа, говорившего на арабском языке, Пророк донес Ислам до народов и общин с различными языками, культурами и религиями, расположенных за пределами Аравийского полуострова.

"Неужели они не задумываются над Кораном? Ведь если бы он был не от Аллаха, то они нашли бы в нем много противоречий" Священный Коран 4:82

Почему Священный Коран считается вечным чудом?

Авторство Священного Корана не принадлежит человеку. Мусульмане считают Священный Коран Словом Божьим и Его Посланием всему человечеству. Мусульмане также считают, что это единственная книга, содержащая слова Бога, которые не были перефразированы или изменены Посланником или кем-либо еще.

Физически материализованные чудеса, принесенные истинными пророками и посланниками, видели только те люди, которые жили с ними в одно время. Священный Коран, напротив, рассматривается как вечное чудо, до которого можно дотронуться, увидеть и прочитать и сегодня.

" Скажи: «Если бы люди и джинны объединились для того, чтобы сочинить нечто, подобное этому Корану, это не удалось бы им, даже если бы они стали помогать друг другу". Священный Коран 17:88.

Бесподобная сохранность текста Корана: Нынешний Священный Коран является идентичным тому, который был ниспослан Пророку Мухаммаду более четырнадцати веков тому назад. Первоначально он был заучен наизусть самыми благочестивыми мусульманами (слово в слово и буква в букву).

Затем, вскоре после кончины Мухаммада, когда Абу Бакр Ас-Сиддик стал первым халифом, полный Священный Коран был собран в единую книгу. Спустя 13 лет после кончины Пророка, по приказу третьего халифа Усмана ибн Аффана, собранное воедино при Абу Бакре, писание Корана было размножено и разослано в разные области халифата.

Это часть стиха в Священном Коране. Бог говорит людям: «Взывайте ко Мне, и Я отвечу вам». Священный Коран 40:60

Понятие повторения «Таватур» подтверждает абсолютную подлинность Корана, т.к. означает, что один и тот же текст передавался различными группами людей из поколения в поколение без противоречий, расхождений или нестыковок.

Отличительный характер Корана: Следует заметить, что высказывания и учения Мухаммада не были смешаны с текстом Священного Корана (который содержит в себе только Божьи Слова). Высказывания и учения Мухаммада были собраны в отдельных книгах, которые называются «**Сунна Пророка**» или «**Хадисы Пророка**». Они включают его учения, его образ жизни и объяснение Книги (Священного Корана).

Сравнение между книгами хадисов и другими священными книгами: Авторами большинства священных книг различных религий являются люди, написавшие их, используя собственные слова и выражения. Многие исследователи считают книги хадисов похожими на другие священные книги т.к. они были собранны мусульманскими учеными и содержат в себе собственные высказывания и наставления Мухаммада.

Например, Библия писалась на протяжении 15-19 веков сорока различными авторами.

Она представляет собой собрание из 66 отдельных книг, разделенных на две основные части: Ветхий Завет (содержащий 39 книг) и Новый Завет (содержащий 27 книг).[1]

Язык Священного Корана указывает на то, что Бог говорит с человечеством напрямую. В Коране часто используется местоимение «Мы» с глаголами и слово «Скажи» (т.е. Скажи, Мухаммад, им (людям)). Мухаммад четко заявил, что Коран является Словом Божьим, а не его словами.

Бесподобная сохранность стиля чтения Корана:

С чтением Священного Корана по памяти или по книге неразрывно связан термин «Таджвид». «Таджвид» - кораническая дисциплина, посредством которой

достигается правильное чтение Корана, что исключает искажения смыслового значения.

Мусульмане верят, что неизменным остался не только сам Коран, но и стили, посредством которых Мухаммад и его сподвижники его читали.

Стили чтения Корана передавались из поколения в поколение, начиная от тех, кто слышал чтение от Пророка и, заканчивая теми, кто живет сегодня.

Таджвид Уникальная Наука

Считается, что «Таджвид» является уникальной наукой, подобной которой нет в других религиях. Это отражает высокий уровень преданности сподвижников Мухаммада делу сохранности чтения Священного Корана (слово в слово).

Чудо

Богатый язык: Священный Коран был ниспослан на исконно арабском языке. Мусульманские ученые считают, что арабский превосходит многие другие языки мира, т.к. опирается на огромный лексический запас и устойчивую грамматику.
Это указывает на то, что арабский язык может быть точнее других языков в передаче Божьего Послания.
Арабский язык состоит из 28 букв, некоторые из них не существует в других языках, такие как «Дад» - твердая «Д» и «Та» - твердая «Т».

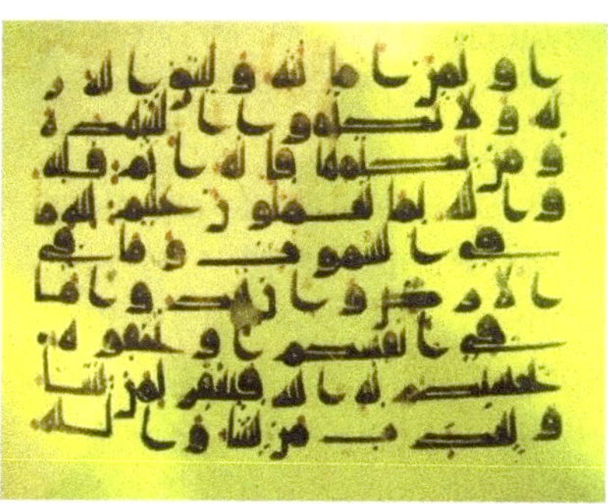

Корень или слово в арабском языке может иметь свыше 100 производных от него слов. Соответственно, общее количество слов в арабском языке превышает шесть миллионов. Это наибольшее количество слов по сравнению с другими языками мира.

Значимые научные факты в Коране

Теория Большого взрыва и создание Вселенной:

Во времена Мухаммада человек ничего не знал о создании Вселенной и движении планет, и не имел никакого представления о том, плоская земля или круглая. Мусульмане верят, что Бог – Творец Вселенной, является Единственным, Кто знает, каким образом всё было создано.

Четырнадцать веков назад в Священном Коране, упомянуто создание (чудесным образом) Вселенной, движение солнца и движение луны, вращение земли и формирование дня и ночи.

Современная наука объясняет создание Вселенной при помощи Теории Большого Взрыва. Данная теория подкрепляется наблюдениями и экспериментальными данными, собираемыми на протяжении десятилетий. Согласно Теории Большого Взрыва вся Вселенная изначально представляла

собой единую большую массу. Затем произошел большой взрыв, который привел к формированию галактик из скопления материи, находящейся в газообразной форме или форме пыли.

Расширение Вселенной:

В 1925 году американский астроном Эдвин Хаббл предоставил данные своих наблюдений, которые убедительно подтвердили факт отдаления звезд друг от друга. Это, в свою очередь, означало расширение галактик и всей Вселенной. Кроме того, признанным научным фактом является то, что планеты движутся по эллиптическим орбитам вокруг Солнца и вращаются вокруг своей оси.

Невозможно не удивляться сходству между современными научными открытиями и следующими стихами Священного Корана, которые прозвучали из уст Мухаммада больше 14 веков назад и сохранились по сей день:

" Неужели неверующие не видят, что небеса и земля были единым целым и что Мы разделили их и сотворили все живое из воды? Неужели они не уверуют?". Священный Коран 21:30

" Потом Он (Всевышний Господь) обратился к небу, которое было дымом, и сказал ему и земле: «Придите по доброй воле или против воли». Они сказали: «Мы придем по доброй воле".
Священный Коран 41:11.

" Он - Тот, Кто сотворил ночь и день, солнце и луну. Все плывут по орбитам".
Священный Коран 21:33.

" Мы воздвигли небо благодаря могуществу, и Мы его расширяем".
Священный Коран 51:47

Эмбриология и создание человека: Мухаммад прочитал следующий стих (аят), объясняющий создание человека. Эмбриология еще не существовала, и подобное знание не было доступно человеку 1400 лет назад..

> "...Он создает вас в утробах ваших матерей: одно творение появляется вслед за другим в трех мраках. Таков Аллах, ваш Господь. Ему принадлежит власть. Нет божества, кроме Него. До чего же вы отвращены от истины!".
>
> Священный Коран 39:6

Современная наука объясняет существование трех слоев, которые формируют покровы тьмы, окружающие плод в утробе матери и обеспечивающие надежную и мощную защиту эмбриона: (1) внутренняя брюшная стенка матери, (2) стенки матки и (3) амино-хорионическая мембрана.

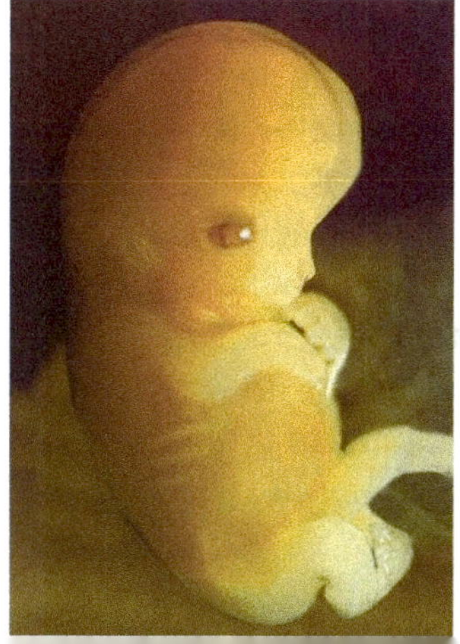

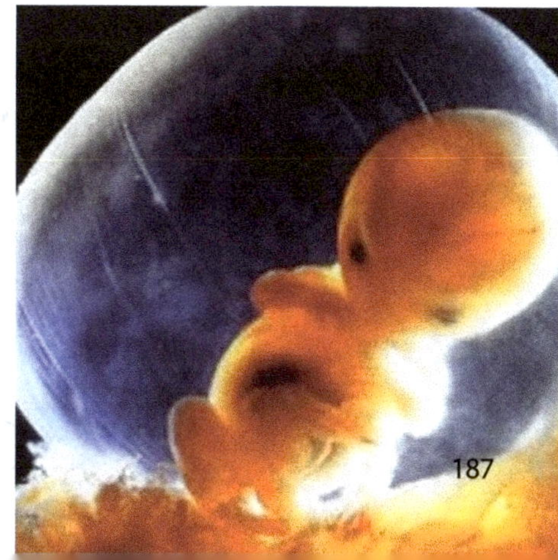

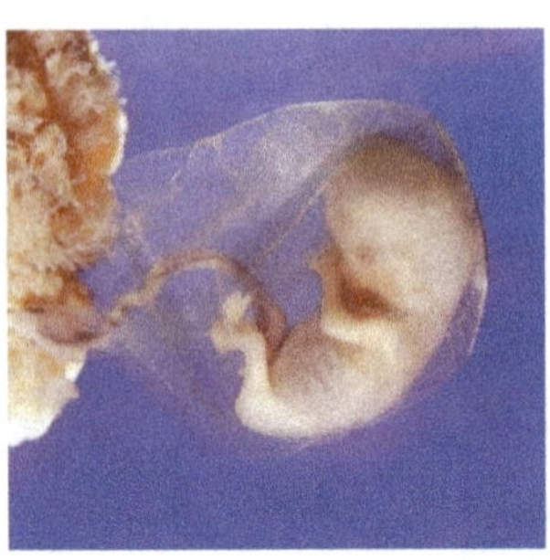

Создание человека чудесным образом описывается в следующих стихах (аятах) Священного Корана:

Сперма

сгусток

Кусок

кость

плоть

"Воистину, Мы сотворили человека из эссенции глины. Потом Мы поместили его каплей в надежном месте. Потом Мы создали из капли сгусток крови, потом создали из сгустка крови разжеванный кусочек, потом создали из этого кусочка кости, и потом облекли кости мясом. Потом Мы вырастили его в другом творении".

Священный Коран 23:12-14

Удивительно, но описание развития эмбриона, приводимое в Священном Коране, подтверждается открытиями современной медицины. Кроме того, установлено, что кости эмбриона формируются прежде плоти, что и упоминается в вышеприведенном стихе.[2]

Кроме того, ученые обнаружили, что слух эмбриона в утробе матери развивается прежде зрения. Это совместимо с последовательностью, упоминаемой в Священном Коране (стихи 9:32, 2:76, 78:23).

"...Благословен же Аллах, Наилучший из творцов!".

Священный Коран 23:14

309 **Удивительное летоисчисление:** Священный Коран (18:25) повествует историю о семи спящих юношах, укрывшихся в пещере. Священный Коран утверждает, что они провели в пещере триста лет и еще девять. Во времена Мухаммада никто не знал, почему в стихе указывается именно «триста лет и еще девять», а не просто общее количество – «триста девять лет».

Кроме того, жителям Аравии того времени была неизвестна разница между лунным и григорианским (солнечным) календарем. Лунный год на 11 дней короче солнечного. Удивительный факт: по прошествии 300 лет, разница между лунным годом и солнечным составляет ровно 9 лет. [3]

Священный Коран обычно печатается форман том в 604 страницы. Он содержит около 80 тысяч слов, формирующих 6348 стихов (аятов), которые составляют 114 глав (сур). Самая длинная глава (сура) Священного Корана состоит из 286 стихов (аятов), а самая короткая - из трех.

Удивительная информация о будущем:

"Повержены римляне в самой низкой (или ближайшей) земле. Но после своего поражения они одержат верх через несколько (от трех до девяти) лет. Аллах принимал решения до этого и будет принимать их после этого. В тот день верующие возрадуются помощи Аллаха. Он помогает, кому пожелает. Он - Могущественный, Милосердный". Священный Коран 30:2-5

Во времена Мухаммада было практически невозможным предсказать итог развития конфликта между двумя сверхдержавами того времени (Персидской и Римской империей).
Исторически установлено, что Персидская империя взяла верх над Римской в районе Палестины и захватила Иерусалим в период с 614 по 619 гг. Но в течение нескольких последующих лет римляне превзошли персов и одержали решительную победу при Ниневии (город в Ираке).

Невероятная география: Удивительно, но последние геологические исследования показали, что Мертвое море, которое находится в рифтовой долине реки Иордан, является самым глубоким и самым соленым озером в мире. Глубина озера составляет 422 метра (1.385 футов) ниже уровня моря. Его берега являются самой низкой точкой на поверхности земли. Приведенные выше аяты Корана указывают, что Римляне потерпели поражение на своей земле, находящейся ближе всего к Аравии. Эта же земля включает в себя самое низкое место на планете.

Примечание: арабское слово «адна» (стих 3) имеет значения «ближайший» и «самый низкий»

ПРИМЕЧАНИЯ

1. Ветхий Завет был написан на иврите 1500-400 лет до н. э. Новый Завет был написан на греческом языке во второй половине первого века н. э. Общепризнано, что первым было написано Евангелие от Матфея (50-75 гг. н.э.). Считается, что Евангелие от Иоанна было написано последним (около 85 г. н.э.).

2. Получить более подробную информацию об эмбриологии можно на следующих сайтах: www.quranandscience.com - www.islamreligion.com www.islamhouse.com

3. Дополнительная информация о научных фактах в Священном Коране: www.eajaz.org

4. На фото ниже изображена пещера, в которой, как предполагается, заснули семеро юношей. Она была обнаружена в районе под названием Абу-Аланда в Восточной Иордании.

Глава 10

Изречения Пророка

Пророк сказал:

"Верующие друг для друга подобны частям одного здания, которые поддерживают друг друга".
Передал Аль-Бухари, Муслим и Тирмизи

Изречения Мухаммада являются очень значимыми, поскольку охватывают практически все аспекты жизни человека. Они исходят из истоков мудрости и Божественного откровения.
Его изречения, действия, утверждения, более известные как «Сунна» являются вторым источником исламского законодательства после Священного Корана.

"Не заблудился ваш товарищ и не сошел с пути. Он не говорит по прихоти".

Священный Коран 53:2-3)

Надежда

Предопределенный срок

Человечество

Однажды Пророк, начертил (несколько) линий и сказал: «Это — надежды человека, а это — его срок (подразумевается срок жизни человека), и в то время как он находится в подобном положении (то есть когда он надеется на что-то), неожиданно подходит к нему ближайшая линия (имеется в виду одна из коротких линий, обозначающих на рисунке Пророка всевозможные жизненные обстоятельства, а именно — линия, соответствующая тому событию, которое становится последним в жизни человека)".

(Передал Аль-Бухари и Тирмизи)

" Используй 5 вещей, пока другие 5 не настигли: 1. Молодость, пока не настигла старость. 2. Здоровье, пока не настигла болезнь. 3. Свободное время, до прихода занятости. 4. Богатство, пока не настигла бедность. 5. Жизнь, пока не пришла смерть." (Сборник Рияд Ас-Салихин)

«Самые лучшие в своей вере — те, которые обладают наилучшим нравом». (Передал Тирмизи)

"Многие люди обделены двумя милостями: здоровьем и свободным временем». (Имеется в виду, что многие люди не используют эти милости для совершения благих дел)." (Сборник Рияд Ас-Салихин)

"Зависть допустима лишь в двух случаях: (1) когда (вы) завидуете человеку, которому Аллах дал обильные дары и позволил расходовать их подобающим образом; (2) когда (вы) завидуете тому, кто владеет обширным знанием, которым он руководствуется сам и которое передает другим".

(Аль-Бухари 73/15)

"Облегчайте людям (касательно религии),и не затрудняйте им, и радуйте людей благими вестями, и не отпугивайте их".

(Аль-Бухари 69/11)

"..Если покупатель и продавец были правдивы и разъясняли, сделка их будет благословенной, если же они скрывали (что-то) и лгали друг другу, то благо их сделки будет уничтожено." (Аль-Бухари 2082/22)

"Не уверует (по-настоящему) ни один из вас, пока не возлюбит для своего брата (по вере) то же, что и для себя". (Аль-Бухари 13/7)

Пророк сказал: «Каждый мусульманин должен давать садака (милостыню)». Один человек спросил: «Скажи мне, а если у него ничего не найдется для этого?» Он сказал: «Пусть потрудится своими руками, принесет пользу самому себе и даст садака». Человек спросил: «О, Посланник, а что если он не сможет сделать этого?» Он сказал: «Тогда пусть поможет тому, кто окажется в затруднительном положении». Человек спросил: «А если он не сумеет сделать и этого?» Он сказал: «Тогда пусть воздерживается от совершения дурного и это станет садакой". (Аль-Бухари 1445/30)

"Когда человек умирает, все его дела прекращаются (и он перестает получать награду за них), кроме трех: благотворительность (которой пользуются люди), полезные знания (которыми пользуются люди), и праведных детей, которые обращаются к Аллаху с мольбами за него.

(Передал Муслим, Тирмизи, Насаи)..

" Бойся Аллаха, где бы ты ни был, вслед за дурным делом соверши благое, которое сотрёт собой дурное, и придерживайся благонравия в отношениях с людьми."

(Тирмизи, Ахмад)

" Праведность - это хорошие моральные устои, а прегрешения - это то, что шевелится в твоей душе и то, о чем ты не хочешь, чтобы узнали люди.".

(Муслим, Тирмизи)

" Сильный человек не тот, кто одержал победу над людьми, но тот, кто сдержал себя, будучи в гневе."

(Аль-Бухари 6018, Муслим 74/47)

(Обратите внимание, что все вышеприведенные высказывания применимы как в отношении мужчин, так и женщин).

Изречения Пророка Мухаммада касательно пищи и медицины

Профилактика лучше лечения

Несмотря на то, что Мухаммад не был врачом, его высказывания в отношении еды, здорового питания, лечения травами и альтернативной медицины были собраны в книгах, более известных как «Пророческая медицина».

Мухаммад указал, что живот является наихудшим сосудом для наполнения. Небольшие порции, способные утолить голод лучше, чем чрезмерное наполнение желудка. Небольшие порции помогают избежать многих осложнений со здоровьем.

живот наихудший котелок для заполнения

Пророк призывал своих сподвижников к умеренности в еде и питье, избеганию ожирения и поддерживанию активного и здорового образа жизни.

"О сыны Адама! Облекайтесь в свои украшения при каждой мечети. Ешьте и пейте, но не расточительствуйте, ибо Он не любит расточительных».
Священный Коран 7:31

Изречения Пророка

Мухаммад предписал употребление ячменя:

Сегодня существует большое количество исследований, описывающих пользу, которую приносит здоровью употребление ячменя. Ячмень содержит широкий спектр ферментов, витаминов, минералов, фитохимических веществ и восемь незаменимых аминокислот, в том числе триптофан, который помогает предотвратить депрессию.

ячмень как анти-депрессионное лекарство

Мухаммад рекомендовал ячменный суп (тальбина) при расстройстве желудка и указал, что он помогает избавиться от печали и депрессии. Его жена Аиша советовала близким родственникам умершего человека, употреблять ячменный суп для облегчения печали и горя.

(Передано в Сахих Аль-Бухари)

Согласно медицинским исследованиям установлено, что депрессивное состояние вызывается уменьшением в головном мозге определенных химических веществ или нейромедиаторов, отвечающих за настроение. Антидепрессанты стимулируют химические изменения, которые увеличивают количество нейромедиаторов.

Три основные нейромедиатора, связанные с настроением это - серотонин, норадреналин и дофамин. Было выявлено положительное влияние ячменя на серотонин – нейромедиатор, способствующий избавлению от депрессии.

Пшеница или ячмень

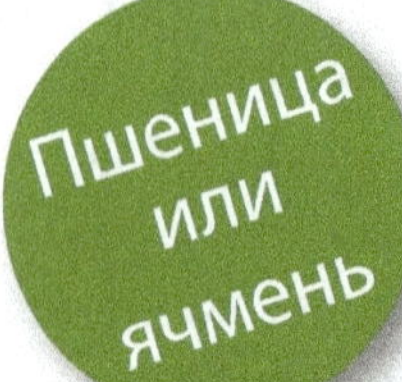

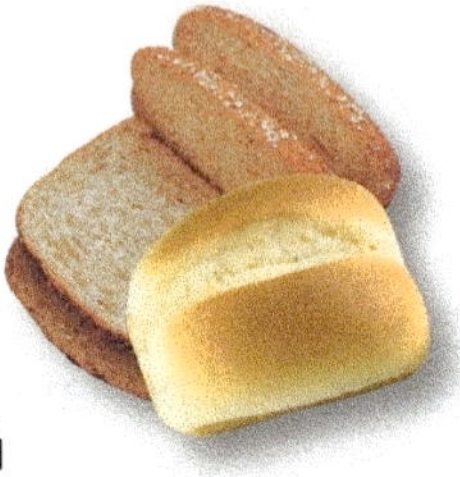

Мухаммад редко употреблял пшеницу, вместо нее он ел ячмень и хлеб из ячменной муки. Было обнаружено, что цельное ячменное зерно обладает большим количеством полезных для здоровья свойств. Оно способствует регуляции уровня сахара в крови, предотвращает образование мелких сгустков крови, и сокращает уровень холестерина, производимого в организме.

Это часть учения Мухаммада, иметь маленькие легкие порции еды в течение дня. Человек не должен много кушать, его живот не должен быть переполнен больше чем на 1/3. Он говорил своим сподвижникам,что живот должен быть разделен на 3 части, треть для еды, треть для питья и треть должна оставаться пустой для воздуха.
(Тирмизи, Микдам бин Магд Якриб)

1/3 Еда
+
1/3 Питье
+
1/3 Дыхание

Вода Зам-Зам: «Зам-Зам» это название минеральной воды, которая выходит из родника в Мекке в пределах мечети аль-Харам, на расстоянии 20 м от Каабы. Мусульмане верят, что когда Хаджар (вместе с Исмаилом) оказалась на месте современной Мекки, она начала искать воду между холмами Сафа и Марва, где чудесным образом образовался источник Зам-Зам.

Зам-Зам - в меру щелочная вода (pH = 7,5) с ярко выраженным вкусом.

(Обратите внимание, что употребление деминерализованной воды, например – дистиллированной, создает кислотное pH в желудке и кишечнике.)

Пророк сказал:

«Это благословенная вода и она является лучшей едой из всех видов питания! Она имеет приятный вкус и исцеляет от болезней» (Передано Табарани).

Согласно Управлению по контролю качества пищевых продуктов и лекарственных средств США, минеральной водой считается вода с общей минерализацией не менее 250 мг на дм^3.

Химический анализ воды Зам-Зам показал, что в среднем, она имеет минерализацию 1000 мг/л. Это соответствует стандарту, предъявляемому к качеству питьевой воды Всемирной Организацией Здравоохранения.

Вода Зам-Зам содержит ряд важных минералов, необходимых для нормального функционирования человеческого организма. Например, кальций, необходимый для укрепления костей и нормального функционирования сердца, мышц и нервной системы; фторид, необходимый для здоровья зубов и бикарбонаты, улучшающие пищеварение.

Вода Зам-Зам является богатым источником кальция. Количество кальция в воде Зам-Зам: 195-200 мг/л (это составляет около 20% от средней рекомендуемой дозы ежедневного потребления кальция для взрослых).

Количество кальция в воде Зам-Зам (195-200 мг/л) выше, чем во многих известных минеральных водах мира, таких как «Эвиан» (78-80 мг/л) и «Перье» (147-150 мг/л).

Минеральная вода обладает широким спектром терапевтического действия, способного облегчить мышечные и суставные воспаления, ревматизм и артрит.

Это слово «Расул Аллах» (Посланник Аллаха) на арабском языке, которое выглядит как капля воды. Предоставлено Фаридом Аль-Али

Трюфель как лекарство:

Мухаммад (мир ему) сказал: «Трюфеля часть из «Манны» (ниспосланное сыновьям Израиля) и его сок лекарство для глаз» (Передали Аль-Бухари, Муслим и Тирмизи)

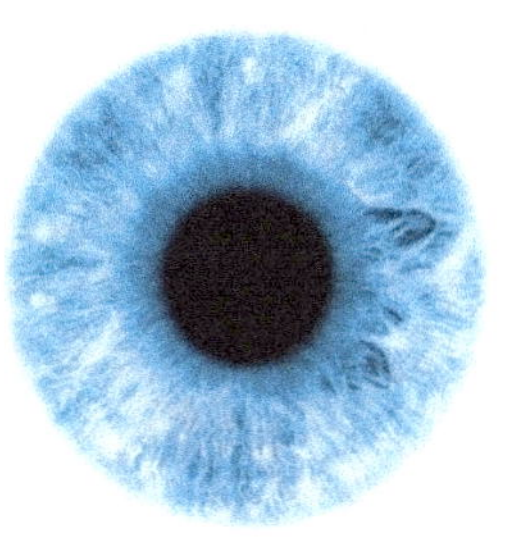

Трюфель - род сумчатых грибов с подземными клубневидными мясистыми плодовыми телами, принадлежащий к семейству Шампиньоновых. Он произрастает группами в почве на глубине 2-50 см, во влажной пустынной местности. Он имеет ярко выраженный запах и может иметь белый, серый или коричневый цвет.

По данным аналитического исследования, 77% трюфеля составляет вода, а оставшаяся часть представляет собой смесь белков, жиров, углеводов и минералов. Современные научные открытия доказали, что жидкость, содержащаяся в трюфеле, обладает эффективным лечебным воздействием на многие заболевания глаз, в том числе и Трахому (Трахома – инфекционное заболевание глаз, характеризующееся поражением конъюнктивы и роговицы).

Мухаммад об оливковом масле:

Пророк сказал: «Вкушайте оливковое масло и втирайте его в тело, ибо дерево это священно» (передал Тирмизи).

Все современные научные открытия подтверждают, что оливковое масло обладает большой пользой для здоровья человека. Большая часть жирных кислот, входящих в состав оливкового масла, происходит из мононенасыщенных жиров, обеспечивающих защиту от заболеваний сердечно-сосудистой системы. Мононенасыщенные жиры контролируют уровень липопротеинов низкой плотности (ЛПНП) или так называемого «плохого холестерина», одновременно повышая «хороший холестерин» - липопротеины высокой плотности (ЛПВП).

Защитная функция оливкового масла эффективна при лечении язвы и гастрита.

Оливковое масло первого отжима содержит более высокий уровень антиоксидантов (особенно витамин Е и фенолы), т.к. подвергается минимальной обработке. Сегодня оливковое масло считается хорошим средством профилактики проблемной кожи, а также эффективным увлажняющим средством. Людям, находящимся в группе риска по заболеванию диабетом, рекомендуется сочетать низкожировую, высокоуглеводную диету с употреблением оливкового масла. Исследования показывают, что подобное сочетание более эффективно контролирует уровень сахара в крови, нежели просто низкожировая диета

Аллах - Свет небес и земли. Его Свет небес и земли. Его свет в душе верующего подобен нише, в которой находится светильник. Светильник заключен в стекло, а стекло подобно жемчужной звезде. Он возжигается от благословенного оливкого дерева, которое не тянется ни на восток, ни на запад. Его масло готово светиться даже без соприкосновения с огнем. Один свет поверх другого! Аллах направляет к Своему свету, кого пожелает. Аллах приводит людям притчи, и Аллах знает обо всякой вещи.

Священный Коран 24:35

Глава

11

Эпилог

Мечеть Пророка Мухаммада (Аль-Масджид ан-Набави) - Медина, Королевство Саудовская Аравия

Примечание: дом и могила Пророка Мухаммада были присоединены к мечети

Человеческие качества Мухаммада

История зафиксировала возвышенное и гуманное обхождение Мухаммада с людьми. Его призыв и учение были основаны на доброжелательности и дружелюбии. Майкл Харт, в своей книге «100 великих людей», пишет: «Мухаммад, человек скромного происхождения, стал основателем одной из великих мировых религий и политическим лидером, добившимся необычайных успехов.

И сегодня, спустя тринадцать столетий после его смерти, влияние его свершений на человеческую цивилизацию, остается необычайно мощным. Большинство персонажей этой книги имели то преимущество, что они родились и воспитывались в центрах культуры, жили среди цивилизованных народов, игравших ключевую роль в истории». «Мухаммад родился в 570 году в Мекке, в южной части Аравии; в то время это был отсталый регион, удаленный от центров торговли, ремесел и просвещения».

> "Это бесподобное сочетание для мирского и религиозного влияния, которое дает полное право Мухаммаду быть номером один в человеческой истории".
>
> Майкл Харт

Это слово «Мухаммад» на арабском языке

«Вероятно также, что относительное влияние Мухаммада на мусульман сильнее, чем суммарное влияние Христа и святого Павла на христиан. А на чисто религиозном уровне, по-видимому, влияние

Мухаммад - Руководитель:

Альфонс де Ламартин - французский писатель и политический деятель, написал в своей книге «Histoire de la Turquie» (История Турции):

«Если величие цели, скромность средств и выдающиеся результаты являются тремя критериями человеческого гения, то кто посмеет сравнить какого-либо великого человека в современной истории с Мухаммадом?»

«Никогда человек, вольно или невольно, не ставил перед собой столь высокой цели, потому что эта цель была сверхчеловеческой — подорвать суеверия, нагроможденные между созданием и Создателем, отдать Бога человеку и человека — Богу, восстановить разумную и святую идею Божества в хаосе материальных и искаженных идолопоклонничеством богов».

Ламартин также отметил: «Мухаммад оказал влияние не только на армии, законы, империи, народы и династии, но и на миллионы людей, более того, на престолы, божества, религии, идеи, убеждения и души. Опираясь на Писание, каждая буква которого стала законом, он создал духовную нацию, которая стерла различия между народами, говорящими на разных языках и принадлежащими к разным расам».

История Сурака. Пророчество, свершившееся через 20 лет:

В период переселения Пророка из Мекки в Медину со своим сподвижником Абу Бакром (622 г.), мекканские правители объявили большую награду (100 верблюдов) любому, кто сможет доставить Мухаммада живым или мертвым.

Сурака ибн Малик поскакал вдогонку за Мухаммадом, желая схватить его и тем самым получить сто верблюдов.

По дороге его лошадь несколько раз спотыкалась, и он падал с неё. Эти происшествия были знаком о том, что Пророк был защищён и поддерживаем Господом.

Когда Сурака подошел к Мухаммаду, Пророк сказал ему: «Вернись к людям, и я обещаю, что в один прекрасный день (находясь под властью исламского государства), ты наденешь украшения и браслеты Хосроя, императора Персии».

«Хосроя Ибн Хурмуза **(императора Ирана)**?» - с удивлением переспросил Сурака. «Да, именно Хосроя Ибн Хурмуза», - ответил Пророк.

У Пророка не было и тени сомнения в том, что религия Ислам достигнет Персии и станет известна во всем мире.

Сурака вернулся в Мекку, но принял Ислам лишь спустя 8 лет, когда Мухаммад мирно овладел Меккой (630 г.).

Мухаммад скончался в 632 году, но его сподвижники верили, что обещание, данное Сурака ибн Малику, рано или поздно сбудется.

Прошло некоторое время, и Умар ибн аль-Хаттаб стал вторым халифом (правителем исламского государства). Во время его правления Ислам достиг Персии (642 г.) и все сокровища Хосроя, императора Персии, оказались в руках Умара.

Умар вспомнил историю Сурака и попросил сподвижников, чтобы его привели. (Со времени пророчества прошло 20 лет, и Сурака уже стал стариком).

После совместной молитвы Умар сказал Сурака ибн Малику: «Вот браслеты Хосроя, императора Персии – это то, что Мухаммад тебе обещал. Одень их и пусть все мусульмане увидят, что обещание Мухаммада исполнилось».

Сурака заплакал. Пророчество Мухаммада свершилось через 10 лет после его смерти.

Мухаммад - Посланник Бога:

В 630 году Мухаммад одержал победу над мекканцами и овладел Меккой мирным путем. Он вернулся в Мекку не для поселения, а для того, чтобы очистить её от язычества и восстановить первоначальное предназначение Каабы (Кааба - постройка кубической формы, возведенная пророком Авраамом для поклонения Единому Богу). Он разрушил всех идолов, очистил от них территорию вокруг Каабы и попросил сподвижника Билала подняться на верхнюю часть Каабы и произнести призыв:

«Аллах Превелик! Аллах Превелик! Свидетельствую, что нет Бога, кроме Аллаха! Свидетельствую также, что Мухаммад – посланник Аллаха!»

Мухаммад хотел получить ключ от двери Каабы, поэтому позвал Усмана бин Тальха (из рода Бани Шайба), который был хранителем ключа от Каабы. Еще до Ислама, был заключен договор, согласно которому представители семьи Бани Шайба имели честь стать хранителями Каабы. Эта честь и ответственность передавалась из поколения в поколение, пока не достигла Усмана бин Тальха.

В то время Усман бин Тальха был новообращенным мусульманином. Еще несколько лет назад он отказывался позволить Мухаммаду даже войти в Каабу для совершения молитвы. Когда Мухаммад вернулся в Мекку, Усман передал ему ключ.

[illegible] хранения ключа от Каабы. Тысячи мусульман устремили свои взоры в сторону Пророка, ожидая узнать, кто же станет новым хранителем ключа.

Мухаммад открыл дверь Каабы, нарушив установившуюся тишину, и очистил его от идолов. Он посмотрел на Усмана бин Тальха и сказал ему:

«Возьми свой ключ, о Усман, ибо сегодня день благочестия и верности. Бери его навсегда, и теперь лишь несправедливый может отнять его у тебя, о Усман! (имеется в виду семья Бани Шайба)".

Обещание верности, длящееся до сих пор:

Вы будете удивлены, узнав, что ключ от Каабы до сих пор находится у потомков семьи Бани Шайба! Прошло более 1400 лет, а ключ по-прежнему передается от одного поколения семьи Бани Шайба к другому.

В настоящее время, когда власти Королевства Саудовская Аравия производят ежегодную уборку и подготовку Каабы к паломничеству, они связываются с представителем семьи Бани Шайба для того, чтобы он открыл им дверь Каабы.

Мухаммад: Пророк нашего времени

Карен Армстронг, автор книги «Muhammad a Prophet for Our Time» (Мухаммад: Пророк нашего времени) указала, что для того, чтобы оценить значительные достижения пророка Мухаммада, мы должны подходить к рассмотрению его жизни с рациональной, взвешенной точки зрения. Она уверена, что его жизнь заключает в себе много ценных уроков, как для мусульман, так и для Запада.

Мухаммад в буквальном смысле слова отдал все для установления мира в истерзанной войной Аравии. Его жизнь представляла собой неустанную борьбу против жадности, несправедливости и высокомерия.

Карен утверждает, что если мы хотим избежать катастрофы, исламский и западный мир должны научиться не только терпимо относиться друг к другу, но и ценить друг друга.

Дверь Мечети Пророка Мухаммада (Аль-Масджид ан-Набави), Медина, Королевство Саудовская Аравия

Глава

12

Исламское искуссство каллиграфия и архитектура

Фотография, сделанная Питером Гоулдом. Мечеть Султана Кабуса или Маскатская соборная мечеть - главная действующая мечеть Маската, Оман

Исламское искусство и каллиграфия, Бахрейн

Художник Питер Гоулд

Сиднейский дизайнер и художник Питер Гоулд, основатель «Азана» (www.azaan.com.au) для изучения современного графического дизайна, искусства, фотосъемки и богатых духовных традиций Ислама. Путешествия и исследования по всему мусульманскому миру вдохновили Питера на создание уникального культурного сплава, противодействующего недопониманию между выходцами из различных культур. Работы Питера известны как в Австралии, так и за рубежом. Питер сотрудничает и устраивает выставки совместно со многими известными художниками.

Питер Сандерс, Великобритания

Питер Сандерс - британский профессиональный фотограф, начавший свою карьеру в середине 1960-х годов. Он создал архив, содержащий более четверти миллиона фотографий со всего мира.

В своей первой книге под названием «В тени дерева» Питер Сандерс раскрывает разнообразие мировой исламской культуры.

Марокканское правительство уполномочило Сандерса сфотографировать и задокументировать информацию о наиболее важных мечетях и объектах исламской архитектуры Марокко.

Хасан Челеби, Турция

Один из наиболее известных исламских каллиграфов в мире. Начал преподавать исламскую каллиграфию в 1976 году, и с тех пор выдал диплом мастера исламской каллиграфии более чем 40 студентам со всего мира. Хасан Челеби является автором уникальных образцов каллиграфии, созданных для знаменитых исламских исторических мест и мечетей во всех уголках мира.

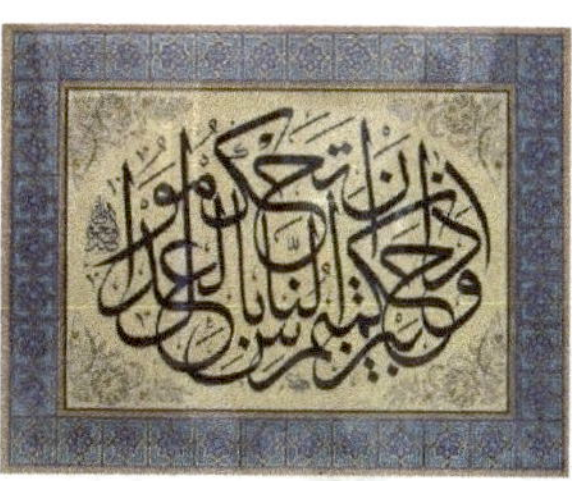

Его работы находятся в следующих местах: Мечеть Пророка Мухаммада и Мечеть Куба в Медине, Саудовская Аравия; Голубая мечеть в Стамбуле; Мечеть Фатих в Пфорцхайме, Германия; Джума-мечеть в Йоханнесбурге, ЮАР; Джума-мечеть в Алматы (Казахстан) и Исламский медицинский центр в Кувейте.

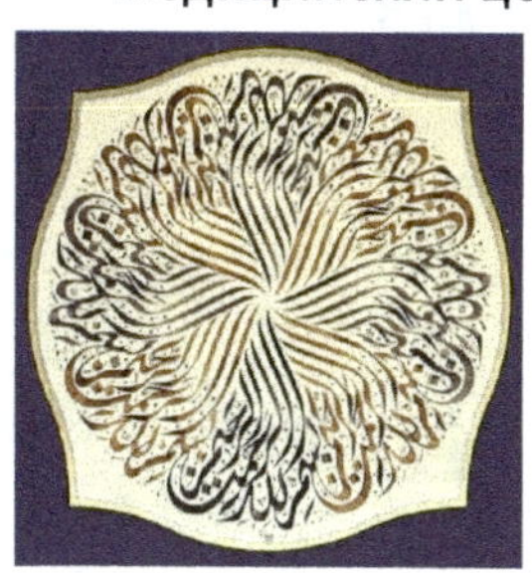

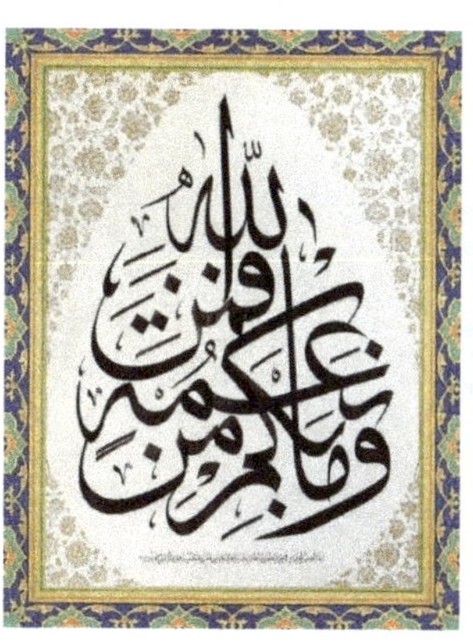

Мухаммад Закария, США

Мухаммад Закария, американский каллиграф, является выдающимся представителем искусства исламской каллиграфии в Америке. С 19 лет обучался арабской и исламской каллиграфии в Марокко, Испании и Англии.

Мухаммад Закария является первым американцем, получившим две премии в области исламской каллиграфии в Турции. Он также известен тем, что был разработчиком и дизайнером почтовой марки США, которая называется «Праздничное приветствие» или «Поздравления с праздником Ид».

В своей работе Мухаммад Закария концентрируется, в первую очередь, на классической арабской и турецкой каллиграфии.

«Воздают ли за добро иначе, чем добром?»
Священный Коран 55:60

Нурия Гарсия Масип, Испания

Одна из немногих женщин-каллиграфов, родом из Ибицы, Испания. После получения диплома в области литературы в Университете Джорджа Вашингтона, США, Нурия Гарсия Масип начала изучение исламского искусства в Марокко. Вскоре она переехала в Стамбул, где в 2007 г. получила диплом в области исламской каллиграфии. Она до сих пор продолжает развивать свой талант, участвуя в выставках, конкурсах и семинарах, проводимых в Соединенных Штатах, Марокко, Турции, Европе, Северной Африке и Ближнем Востоке. Её работы возрождают классическую тематику посредством эстетически захватывающих показов.

Сальва Расуль, Индия

Сальва получила диплом прикладного искусства в1985 году в Мумбаи. Её работы характеризуются гармонией жанров, с сохранением баланса между исконным арабским текстом и современными произведениями искусства. Сальва Расуль известна использованием в своих творческих работах нетрадиционных материалов, таких как глина, керамика, фаянс, стекло и кожа.

"Во имя Аллаха, Милостивого, Милосердного! Хвала Аллаху, Господу миров, Милостивому, Милосердному, Властелину Дня воздаяния! Тебе одному мы поклоняемся и Тебя одного молим о помощи.Веди нас прямым путем, путем тех, кого Ты облагодетельствовал, не тех, на кого пал гнев, и не заблудших

Священный Коран 1

На рисунке показана глава (сура) из Священного Корана, которую мусульмане читают в каждой ежедневной молитве. Она называется «Аль-Фатиха», т.е. Открывающая.

Целина Цебуля, Польша

Окончила педагогический университет в Кракове и специализируется на декоративно-прикладном искусстве и художественном образовании. Обладает уникальными навыками по смешиванию каллиграфии с живописью, что позволяет ей отражать новые образы в своих художественных композициях.

Слово Мухаммад, Посланник Бога на арабском языке, изображенное на красочном фоне.

"Если ты не милосерден к другим, то Аллах не будет милосерден к тебе"

"Тот, кто не благодарит людей, не благодарит Аллаха"

Хаджи Нуруддин, Китай

Родился в 1963 году в провинции Шаньдун, Китай. Известен тем, что создал уникальную связь и слияние между китайской и арабской каллиграфией.

Художественная надпись, обозначающая: «Нет божества, достойного поклонения, кроме Аллаха и Мухаммад - Посланник Аллаха».

Нижний купол сформирован из выражения «Мухаммад - Посланник Аллаха».

Нобуко Сагава, Япония

Является одним из самых известных японских мастеров арабской каллиграфии. Обучалась изобразительному искусству в Японии и позднее заинтересовалась арабской каллиграфией. Г-жа Сагава положила начало комбинированному стилю, состоящему из смеси японской письменности (кана), китайских иероглифов (канджи) и арабской каллиграфии. Её талант в освоении арабского шрифта «Сульс» и «Куфи» позволяет ей создавать необычные каллиграфические образы.

" Мы отправили тебя ко всем людям добрым вестником и предостерегающим увещевателем, но большинство людей не знает этого"..

Священный Коран 34:28

Фарид Аль-Али, Кувейт

Является директором Кувейтского центра Исламского Искусства и одним из самых известных художников Ближнего Востока. Известен своими разнообразными каллиграфическими работами и изобразительным искусством. В 2005 году он выпустил сборник под названием «Мухаммадият». Этот сборник представляет собой коллекцию из 500 художественных работ, основанных на слове «Мухаммад» на арабском языке (см. ниже). Эти произведения подразделяются на 11 групп (квадратные, шестиугольные, восьмиугольные, и т.д.). Кроме того, Фарид Аль-Али создал сборник сходный сборнику «Мухаммадият». В этом сборнике представлены художественные работы, основанные на слове «Аллах»..

Мухаммад Манди, ОАЭ

Благодаря уникальному опыту и творческим разработкам, Мухаммад Манди является ответственным за создание образцов арабской каллиграфии, изображаемых на кредитных картах и паспортах ОАЭ и многих других стран. Кроме того, Мухаммад Манди был назначен ответственным за разработку каллиграфического дизайна Мечети Шейха Зайда в Абу-Даби, ОАЭ и многих других мечетях мира.

Художественное оформление слова «Мухаммад», основанное на арабском письме (отдельные буквы). Это главный компонент в работах Мухаммада Манди, отражающий гармонию между художественными образами английского и арабского языка.

Музей исламского искусства, Катар: *открыт для публики в декабре 2008 года. Разработан по проекту известного американского архитектора и дизайнера Йо Минг Пея, автора стеклянной пирамиды Лувра. Экспонаты, представленные в музее, отражают многогранность и разнообразие искусства исламского мира.*

Мечеть шейха Зайда в Абу-Даби, ОАЭ: *Мечеть шейха Зайда является самой большой мечетью в Объединенных Арабских Эмиратах и восьмой по величине мечетью в мире. Площадь мечети равна размеру пяти футбольных полей. Мечеть может одновременно вместить более 40.000 молящихся.*

Мечеть имеет 82 купола и 4 минарета высотой 107 м. Там же располагается крупнейший в мире ковер (размер которого: 5627м2), и крупнейшая в мире люстра (15м в высоту и 10м в диаметре). Мечеть шейха Зайда является одной из наиболее часто посещаемых туристических достопримечательностей в ОАЭ

Мечеть Джумейра, Дубай, ОАЭ: *Мечеть Джумейра считается одной из самых красивых мечетей Дубая, отражающих современную исламскую архитектуру.*

Мечеть короля Хуссейна, Амман, Иордания: *Мечеть короля Хуссейна была открыта в 2005 г., и является одной из самых больших мечетей в Аммане. Она отражает современное исламское искусство и каллиграфию. Мечеть короля Хуссейна украшена четырьмя минаретами с которых открывается вид на город Амман. Располагается мечеть на холме высотой около 1000м.*

Мечеть Аль-Фатех, Королевство Бахрейн: *Открыта в 1988г. покойным амиром Бахрейна, Шейхом Исой ибн Салманом аль-Халифом. Мечеть занимает площадь в 6500м2 и может вместить в себя до 7000 молящихся. Мечеть отражает сочетание исламской архитектуры и местного культурного наследия.*

Мечеть Аль-Салех, Сана, Йемен: *Это самая большая мечеть Йемена, которая была открыта в 2008 году. Мечеть может вместить до 40.000 молящихся и занимает площадь равную 224.000 м2. Мечеть имеет особый архитектурный стиль и включает в себя 15 деревянных дверей и шесть минаретов.*

Мечеть Султана Кабуса или Маскатская соборная мечеть, Оман: *главная и самая большая действующая мечеть Омана, открытая в 2001 году. В мечети находится второй в мире по величине ковер ручной работы, а также люстра. Мечеть Султана Кабуса занимает площадь 416.000 м^2.*

Мечеть аль-Акса, Иерусалим: *Мусульмане верят, что Мечеть аль-Акса является второй мечетью на земле, установленной для поклонения Единому Богу (Примечание: Первой считается священная мечеть в Мекке). Мечеть Аль-Акса была первой Киблой в исламе до перенесения ее в Мекку (Кибла - направление, в сторону которого мусульмане обращаются лицом во время молитвы). После Божьего откровения, пришедшего в Священном Коране, мусульманам было приказано изменить Киблу в сторону мечети в Мекке, где располагается Кааба (здание кубической формы, построенное пророком Авраамом для поклонения Единому Богу).*

Кибли Масджид

Общая площадь мечети составляет около 14,4 га, или 144.000 м2. Она включает в себя две важные святыни, «Кибли Масджид» (где имам обычно проводит молитвы) и «Купол Скалы».

Купол Скалы, Иерусалим: *исламское святилище и мечеть на Храмовой горе в Иерусалиме. Построена по повелению омейядского халифа Абд аль-Малика в 687-691 гг. Внутри купола находится выступ скалы, с которого, по преданию, пророк Мухаммад совершил вознесение на небеса. Здание мечети представляет собой восьмиугольник с золотым куполом диаметром 29,4 м.*

Мечеть Омейядов в Дамаске, Сирия

Мечеть Омейядов в Дамаске, Сирия Мечеть Омейядов, построенная между 706 и 715 гг. при Омейядском Халифе Аль-Валиде I, является одной из крупнейших и старейших мечетей в мире. Расположена в одном из самых священных мест в старом городе Дамаска и представляет собой большую архитектурную ценность. Мечеть содержит сокровищницу, в которой, по легенде, на ходится голова Иоанна Крестителя (Йахйа) – пророка, почитаемого как христианами, так и мусульманами. В 2001 г. Папа Римский Иоанн Павел II посетил мечеть Омейядов. За 14 веков существования ислама это был первый визит главы римско-католической церкви в мусульманскую мечеть. Минарет, находящийся в юго-восточном углу мечети имеет название «Минарет Иисуса». Мусульмане верят, что когда Иисус вернется, он спустится на землю вблизи этого минарета.

Большая мечеть в Самарре, Ирак

Мечеть начали строить в 848 году и завершили в 851 году при аббасидском халифе Аль-Мутаваккиле. Эта мечеть долгое время была самой большой в мире, высота её минарета под названием Малвия (в форме спирали) составляет 52 метра, а ширина в основании 33 метра. Мечеть насчитывает 17 входов, стены украшены мозаиками из тёмно-синего стекла. Минарет выстроен в стиле Вавилонского зиккурата.

Мечеть Султанахмет, Турция: *Больше известная как «Голубая мечеть», с каскадным куполом и шестью минаретами. Была построена в 17 веке по приказу султана Османской империи Ахмеда (строительство началось в 1609 г. и продолжалась 7 лет).*

Ая-Софья, Стамбул, Турция: *Ая-Софья (Собор Святой Софии) в Стамбуле - Турция. Бывший православный собор, впоследствии - мечеть (на протяжении 500 лет), ныне - музей и основная туристическая достопримечательность.*

عثمان
رضي الله عنه
حسن
رضي الله عنه

Тадж-Махал, Агра, Индия: *Это не мечеть, а мавзолей (погребальное сооружение, отражающее элементы исламской архитектуры), построенный по приказу Шах-Джахана (1592-1666) в память о жене. Благодаря уникальному архитектурному дизайну, Тадж-Махал считается одной из самых важных туристических достопримечательностей в мире.*

▲ *Джама Масджид в Дели (Делийская соборная мечеть). Самая большая мечеть в Индии, построенная в 1656 году.*

▼ *Красный форт, Агра, Индия*

Мечеть короля Фейсала в Исламабаде, Пакистан ▲

▼ Лахорская крепость в Пакистане

Мечеть Звезды, Дакка, Бангладеш ▲

▼ Мечеть Аубурн Галиполи, Сидней, Австралия

▲ *Мечеть Султана Хуссейна, Сингапур*

▼ *Мечеть Султана Омара Али Сайфуддина, Государство Бруней-Даруссалам*

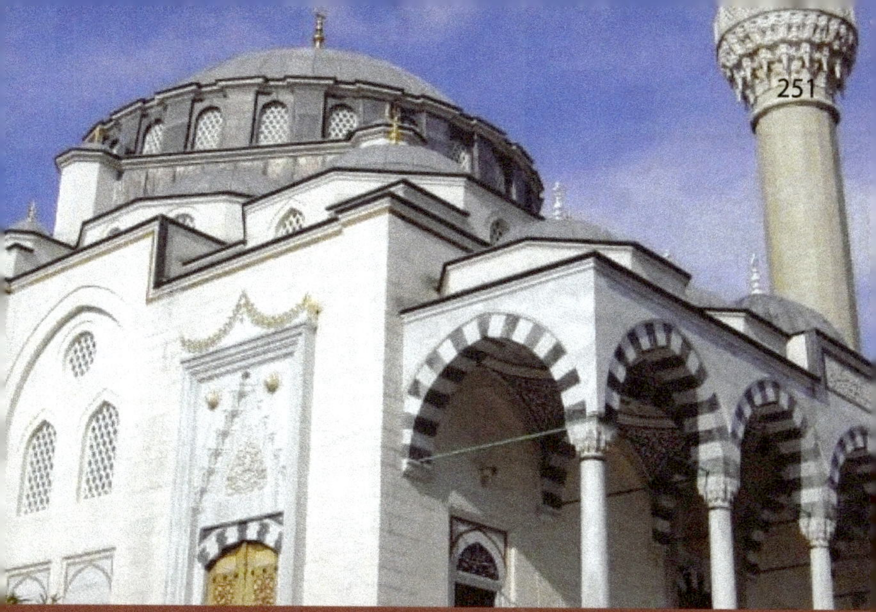

ТТурецкая мечеть в Токио, Япония ▲

▼Мечеть в провинции Паттани, Таиланд

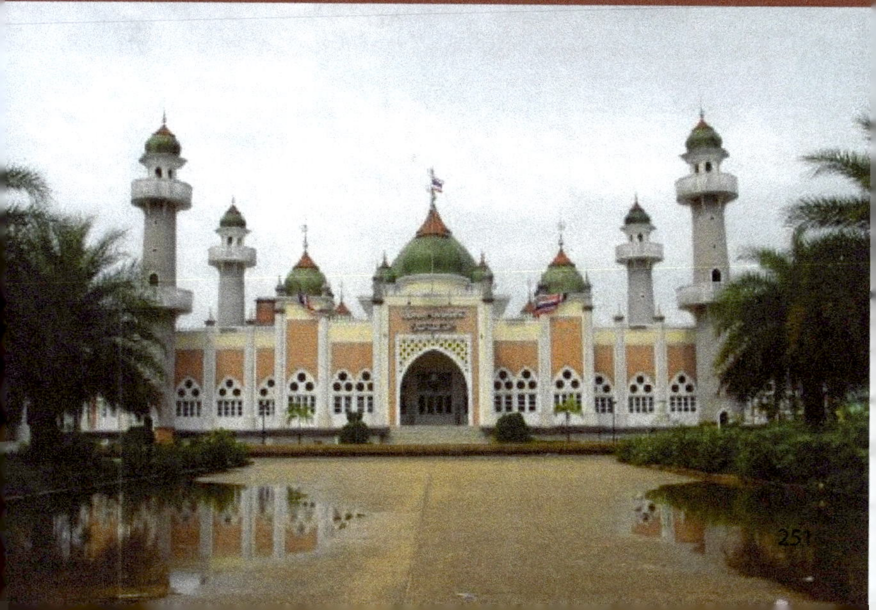

Кристальная мечеть (Хрустальная мечеть), Куала-Тренгану, Малайзия: *Мечеть расположена в Парке исламского наследия на острове Вон Мэн. Здание выполнено из железобетона и покрыто зеркальным стеклом. Официальное открытие мечети состоялось в 2008 году.* ▲

▼ *Мечеть Путра – главная мечеть Путраджая, Малайзия*

Мечеть в Куантане, Малайзия ▲ Мечеть в Пераке, Малайзия ▼

Мечеть Аль-Азхар в Каире, Египет: Основана в 971 г. и связана с одним из старейших ныне действующих университетов мира (открытым в 988 г.)

Мечеть Ибн Тулуна в Каире, Египет: *дата завершения строительства - 879 г. Одна из крупнейших мечетей в мире (площадь – 26.318 м2), славящаяся своей архитектурой и уникальным минаретом со спиральной лестницей.*

Мескита или Кордовская соборная мечеть, Испания: *(исп. mezquita - «мечеть»). Памятник архитектуры 8-го века, построенный под руководством эмира Кордовы, Абдул-Рахмана II (822-852). Сегодня, мечеть является собором Кордовы (официальное название: римско-католический собор Св. Марии Успенской).*

Альгамбра, Испания: *(исп. Alhambra, от араб. каср аль-хамра - «красный замок») - архитектурно-парковый ансамбль, расположенный в восточной части города Гранада в Южной Испании. Построен во время правления мусульманского султана Гранады (1353-1391 гг.). Сегодня Альгамбра является одной из главных туристических достопримечательностей Испании. Примечание: «Покои Карла V» или «Покои императора» были пристроены к дворцу в 1527 г.*

Мечеть Хасана II, Касабланка, Марокко: *Построена по проекту французского архитектора Мишеля Пинсо. Строительство мечети было завершено в 1993г. Минарет Мечети Хасана II является самым высоким религиозным сооружением в мире и самым высоким минаретом в мире (210 м.). В верхней части минарета имеется лазерный прожектор, создающий в небе световую линию зелёного цвета длиной в 30 км. в сторону Заповедной Мечети в Мекке. (Вместимость мечети: 25.000 верующих).*

Мечеть Аль-Караунн, Фес, Марокко: *Основана в 987 г. Это вторая по величине мечеть в Марокко (после Мечети Хасана II в Касабланке). Университет Аль-Караунн (где находится Мечеть Аль-Караунн) является старейшим в мире постоянно действующим высшим учебным заведением. Кроме того, он является старейшим памятником исламской архитектуры в Фесе.*

Мечеть Туркменбаши Рухы, Кипчак, Туркменистан ▲

▼ *Мечеть Азади в Ашхабаде, Туркмениста*

▲ *Медресе Шердор, Самарканд, Узбекистан*

Мечеть в Бухаре, Узбекистан ▼

Парижская соборная мечеть, Франция: Парижская мечеть является одной из самых больших мечетей во Франции. Была основана после Первой мировой войны. Мечеть была открыта 15 июля 1926 года.

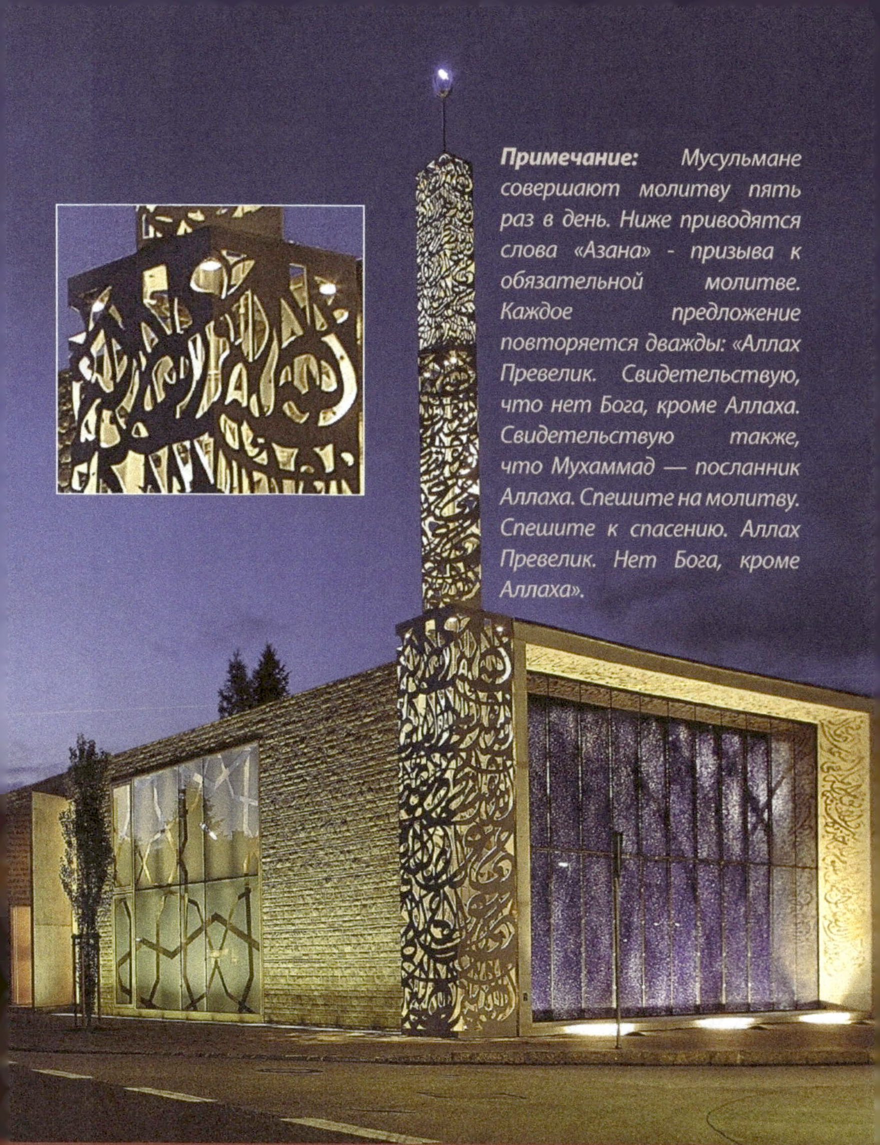

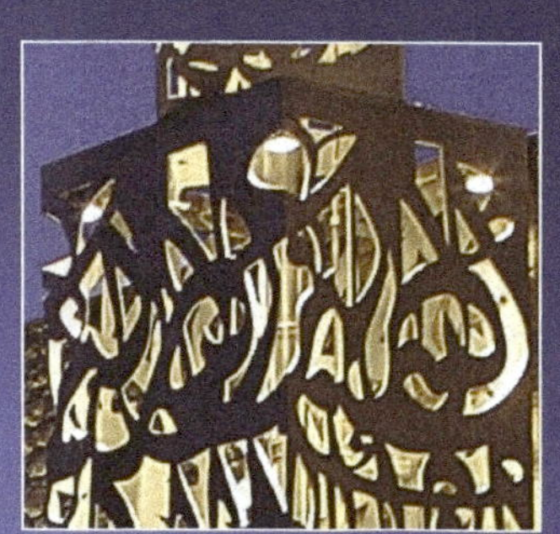

Примечание: *Мусульмане совершают молитву пять раз в день. Ниже приводятся слова «Азана» - призыва к обязательной молитве. Каждое предложение повторяется дважды: «Аллах Превелик. Свидетельствую, что нет Бога, кроме Аллаха. Свидетельствую также, что Мухаммад — посланник Аллаха. Спешите на молитву. Спешите к спасению. Аллах Превелик. Нет Бога, кроме Аллаха».*

Мечеть в Пенцберге, Германия: *На минарете мечети выгравированы слова Азана, мусульманского призыва к обязательной молитве. Каллиграфический дизайн мечети был выполнен известным каллиграфом из ОАЭ Мухаммадом Манди.*

Сианьская соборная мечеть (Большая Сианьская мечеть), Китай

Соборная мечеть в Индонезии ▲

▼ Мечеть Хуэй в автономном регионе Нинся, Китай

Большая мечеть в Тубе, Сенегал ▲

▼ Мечеть короля Фейсала, Конакри, Гвинея

Мечеть в Бобо-Диуласо, Буркина-Фасо ▲

▼ Великая мечеть Дженне (Дженненская соборная мечеть), Мали

Дженненская соборная мечеть - самое большое глиняное здание в мире. Здание мечети огромно, но в то же время, оно впечатляет красотой как вблизи, так и на расстоянии. Два раза в год все городские жители оставляют свои дела и собираются вместе для того чтобы отремонтировать стены мечети. Для этого они используют глину, привозимую на тележках из поймы реки Бани.

Ссылки

ААбдуль Гани, М. Ильяс, (2003). История Медины, Издательство Рашид, КСА

Адейр, Джон, (2010). Руководство Мухаммада, Великобритания

Ахмад, Мумтаз, (1996). Ислам и демократия: Возникновение согласия, Журнал Ближний Восток.

Аль-Маглус, Сами, (2008). Исторический Атлас о жизни Пророка Мухаммада. Обайкан, КСА

Аль-Мутава, Джассем, (2001). Жены Пророка. Современное время, Кувейт

Аль-Мубаракфури, Сафийюр-Рахман, (1996). Запечатанный Нектар: Жизнеописание Благородного Пророка Мухаммада, Дар-Ассалам.

Аль-Зайед, Самира, (1995). Книга, содержащая в себе историю о жизни Пророка Мухаммада, Научная Пресса, Первое издание, Сирия.

Армстронг, Карен, (2002). Ислам: Краткая История.

Армстронг, Карен, (1992). Мухаммад: Жизнеописание Пророка.

Армстронг, Карен, (2007). Мухаммад: Пророк нашего времени.

Ан-Навави, Рияд Ас-Салихин, (2003). Достоверные высказывания Пророка Мухаммада, Арабское издание, Каир, Египет.

Ас-Салляби, Али Мухаммад, Благородная жизнь Пророка, Дар Ас-Салам, КСА.

Аль-Бухари, Мухаммад Ибн Исмаиль, (1997). Сахих Аль-Бухари, Дар аль-Афкар, Амман, Иордания.

Гюлен, М. Фатхуллах, (2000). Пророк Мухаммад: Аспекты его жизни, Вирджиния, США.

Хаммад, Ахмад Заки, (2007). Коран: Современный перевод на

английском языке с комментариями, Иллинойс, США.

Харт, Майкл, (1992). 100 великих людей, Издательская группа Кэрол, США.

Ислам, Юсуф, (1995). Жизнь последнего Пророка, Дар Ас-Салам, Саудовская Аравия.

Халиди, Тариф, (2009). Жизнь Мухаммада в картинках: Рассказы Пророка в Исламе сквозь века, Детское издание.

Хан, М. Мухсин, (1985). Сахих Аль-Аль-Бухари - Английский перевод, 4-ое издание, Бейрут, Ливан.

Мангомери Уатт, У., (1974). Мухаммад: Пророк и Государственный деятель.

Пиксалл, Мармадак, (2006). Перевод Корана: Послание Человечеству, Международный Комитет по поддержке Последнего Пророка, Вашингтон, США.

Рамазан, Тарик, (2009). По следам Пророка: Уроки из жизни Мухаммада, Оксфорд, Великобритания

Сахих Интернешенал, (2004). Смысловой перевод Корана на Английском языке. Абуль-Кассим. Опубликовано Аль Мунтада Аль-Ислами, Джидда, КСА.

Султан Сухайб, Юсуф Али, и Смит, Джэйн И., (2007). Коран и Изречения Пророка Мухаммада: Избранные произведения с комментариями.

Юнал, Али, (2006). Священный Коран с комментариями на современном английском языке, Нью Джерси, США.

Вольф, Майкл и Ронемер, Алекс, (2002). Мухаммад: Наследство Пророка, (DVD - Дек 18, 2002).

Юсуф, Хамза, (2003). Жизнь Пророка Мухаммада (24 аудио кассеты).

ПРИМЕЧАНИЯ

www.ingramcontent.com/pod-product-compliance
Lightning Source LLC
LaVergne TN
LVHW010856110826
845149LV00005B/1409

* 9 7 8 0 9 8 7 5 8 9 1 4 9 *